# 创业，

## 只要开始就不会结束

朱丽◎编著

中国华侨出版社

北京

**图书在版编目（CIP）数据**

创业，只要开始就不会结束 / 朱丽编著 .—北京：中国华侨出版社，2017.12

ISBN 978-7-5113-7176-8

Ⅰ . ①创… Ⅱ . ①朱… Ⅲ . ①企业家－生平事迹－中国－现代 Ⅳ . ① K825.38

中国版本图书馆 CIP 数据核字（2017）第 270932 号

---

创业，只要开始就不会结束

编　　著 / 朱　丽
责任编辑 / 晓　棠
责任校对 / 高晓华
经　　销 / 新华书店
开　　本 / 880 毫米 × 1230 毫米　1/32　印张 /8　字数 /161 千字
印　　刷 / 北京溢漾印刷有限公司
版　　次 / 2018 年 3 月第 1 版　2018 年 3 月第 1 次印刷
书　　号 / ISBN 978-7-5113-7176-8
定　　价 / 32.00 元

中国华侨出版社　北京市朝阳区静安里 26 号通成达大厦 3 层　邮编：100028
法律顾问：陈鹰律师事务所
编辑部：（010）64443056　　64443979
发行部：（010）64443051　　传真：（010）64439708
网　　址：www.oveaschin.com
E-mail：oveaschin@sina.com

# 序 言

若你想种一棵树，最佳的时间是 10 年前，其次是现在。

如果你觉得一切都太晚，如果你觉得命运不会光顾你这样的平庸之辈，如果你觉得生活的挫折已经击垮了你。不妨自问：人生的果实，你是否收割得太急，放弃得太早？

当 36 岁的董明珠南下成为一名基层员工，当 40 岁的柳传志在中关村一间传达室里成立了公司，当 43 岁的任正非在深圳创办了华为公司，当 74 岁的褚时健开始在山里种橙，他们中的任何一个人都没有等待命运，而是伸出了改变自己的双手。

其实真相是：当你说太晚的时候，它可能只是你退却的借口。

人生永远没有太晚的开始，而创业，只要开始了就不会停下来，我们需要做的，就是打开那颗年轻却已老态龙钟的心，从寻找梦想开始，从坚持一个好习惯开始，一步一步走向未来。

本书里每个人物的甄选，都是因为他们更有代表性，代表了传统时代与新时代的创业特点。

时移世易，传统经济正在经历巨大变革，一批新兴崛起的创业新贵让我们感到——新的经济模式时代已经到来了！

不管时代如何变化，唯一不变的是一贯的努力和坚持。希望本书能给那些奋斗在创业路上的勇士们，添一分勇气和希冀。

# C目录
## Contents

Chapter3 | **完美转身** |
**努力很重要，选择更重要**

# 大器晚成

## 创业永远没有太晚的开始

Chapter 1

# ——· 柳传志 ·——

## 创业像一列前进的火车

## ◎ 夹缝中寻找光亮

中国传统的水墨画讲究艺术与智慧的融合，这样的境界非功力深厚不足以实现。

在许多人的眼中，柳传志展现出来的有关于他的一切，都充满了泼墨画意、浓淡相宜的超脱和高远。

一个军校出身、拥有研究员背景的企业家，似乎每一次他都能跨越那些看似不可逾越的鸿沟，迎来一个崭新的、只属于他自己的黎明。

缔造神话的人、IT界的教父……许多流光溢彩、大气磅礴的词条被人们从那个年代一直标识到了如今。但他却冷静地告诉人们，他只是一个"奔日子"的人，如今的成功并非一蹴而就。

年逾古稀的他，依旧沉静、浑厚得不露痕迹。年轻的一辈听着他的故事长大，尽管面对这样一个被反复咀嚼的创业故事他们有一种天然的叛逆，但却不得不承认，他的稳健、沉着、力挽狂澜以及这当中的智慧确实光芒耀眼。

对于年轻人关于创业的那些心思，柳传志悉数尽知。无论是以一个长者的身份、从一个过来人的角度，还是以一个成功者的角色，柳传志的故事在榜样的力量上当仁不让。

岁月风干了脸上的皱纹，年轮沉淀了时光的印迹，在自由的时代里，励志人物四处开花，但人们依然对"老柳"和他的联想在经历三四十年的风云变幻之后始终屹立不倒的柔软和坚韧备感敬佩。独有的对现实的洞察、对命运的感知以及面对未来的笃定，让他仍旧光芒四射。也许，这正是他被反复谈论和引用的根源所在。

许多人都知道，柳传志的故事是从中科院的研究所里开始的。

1980 年，柳传志在中国科学院计算技术研究所已经工作了 9 个年头。这一年，他做了一个双密度磁带记录器，随后被送到陕西省的飞机试飞研究所，并最终被用在了项目里。对于这些工作上的成绩，柳传志已经习以为常。

中科院的研究工作在那时被许多人视为金饭碗。柳传志在这其中专门研究的磁记录电路已经为他赢得了好几个奖项，然而，他却没有因此而获得满满的成就感。

这一年，他开始接触到了国外的东西，这一相比，让他彻底看清了自己所做出来的东西与和国外原来相差甚远，换句话讲，自己辛苦研究出来的技术在用途上竟然如此微弱。也许有些人会说服自己接受这样的客观存在，而柳传志则不然，他的上进心在此时却被激发了出来。

与科学院某些公司的总经理在回首过往时喜欢将人生轨迹的变动归结于领导的安排不同，柳传志在许多场合谈到及自己创业时，都用了一个十分接地气的词，称自己是"憋得不行"。

在他的回忆里，当时的他就是一个特别想干事的青年，这种精神特质同样是那个时代的人普通具有的一种状态。

由于历史的原因，他们这代人在大学毕业之后有很长一段时间处在迷茫的阶段。许多人空有一腔热血却不知道干什么才好，纵使心中有万千想法却苦于无一条出路。那份累积在心里的愤懑至今柳传志仍然记忆犹新。

40 岁那年，柳传志人生出现了重大的转折。经济在改革的浪潮中复苏着，面对这样的机会，柳传志毅然地从中国科学院下海，这对于当时的他而言，是充满生机的一次选择。

女儿柳青在 7 岁时曾经问过父亲一个问题，爸爸，你是想做大树还是要做小草？当时，他毫不犹豫地回答道，他选择做大树，而且，只做大树。

在一个不足 20 平方米的传达室里，柳传志带着 10 个同样"奔日子"的人与 20 万启动资金开始了创业之旅。有意思的是，这一年乔布斯也开启了他的苹果故事的传奇。

环境的不同、起步基础的差异，两人在各自的领域里演绎着不同的精彩。如今的年轻人都喜欢对那个天马行空又有些瑕疵的苹果巨人津津乐道，对于本土成长起来的创业英雄似乎缺少了些兴致。虽然双方手中所捧就的果实存在着差异，但"老柳"的故事却具有更强的现实意义。

相比之下，乔布斯的创业是在一个已经有了底色的世界里挥洒艺术的天分，而柳传志的步履则坚实地踏在了技术和市场双重贫瘠的地面上，于现实的夹缝中寻找生存的机会。应该说，乔布斯更像一个艺术家，而柳传志则更像一个拓荒者。

对于自己 30 多年的创业生涯，柳传志感慨良多，在回顾这 30 多年他和联想取得的那些成绩时，他严谨而谦逊地说，取得这些成绩的切身感受，就是在过去的日子里，他不断地提高人生追求目标。换句话说，他所做的，就是当一个"奔日子"的人。

在柳传志看来，这世上的人分为两种，一种是"过日子"的人，一种是"奔日子"的人。大多数人是属于前者，受自己以及家庭的影响，这类人会努力地去过好每一天，并且在实现一些既定的预期之后，开始规律地、日复一日地享受天伦之乐，他们习惯用知足常乐的心态去看待人生的起浮，他们的生活安逸而舒适，但却缺乏惊喜，这是所谓"过日子"。

另一些人，他们却有着自己的风险偏好，宁可放下安逸和舒适，也要冒着风险向前冲，以此寻求更大的人生价值，这些就是所谓的"奔日子"的人。

老柳说，自己当年就是个"奔日子"的人，科学院的工作出奇的稳定，如果他想这样一直待下去，安稳一生实在不成问题。但是，年近不惑之年的他对过去的 40 年的描述用了"沉闷"二字。因此，当体制在时代的革新中出现一点缝隙时，柳传志就成了那个坚决要钻出来的人，下海创业成了他果断的抉择。

若干年后，当柳传志站在成功的彼岸回望过往时，他确定地说，其实，从实际上推动生产力发展的，应该是这些"奔日子"的人。尽管知道如果奔得不好，可能摔得更疼，但他们却勇气十足，这份勇气对于想取得成功的创业者来讲，是不可或缺的。

关于柳传志创业的历程，已经有许多高远深刻的描述摆在人们的眼前去拜读，但柳传志自己却更喜欢从真切的经历和生动的例子中提炼自己的管理理念。

关于创业，柳传志始终践行着自己"奔日子"的理念。但并不是所有人都与他的想法一致。其中包括当初与柳传志一同下海创业的，他在研究所结识的好朋友。

在此之前，他们是相约一同骑车的好友，他们一起针砭时弊，就连柳家盖个小厨房，好友都出手相助。后来，他与柳传志一块儿办起了公司，两个人的理念和眼光在这个时候出现了很大的区别。

朋友是一个典型的"过日子"的人，他并不像柳传志一样有着闯荡天下的雄心壮志。正如同女儿讲的那样，柳传志想做一棵大树，而朋友只愿当一棵小草。朋友此时心中只想办个小点的公司，能赚点钱过日子就可以了。眼光短了，手也有些不听话了。当时他主要负责进口元器件，因为利润空间不错，所以好友在操作时便做了些手脚。

天下没有不透风的墙，这事最后还是让柳传志知道了。对此，他既生气又失望，而与此同时，如何处理这个问题成了摆在柳传志眼前需要慎重抉择的事情。

作为好友，昔日兄弟情深的画面尚未逝去，此时让他横下一条心来将好友辞退，从情谊上讲确实有些于心不忍，但作为一个管理者，员工的眼睛看着他，如何处理这个问题直接关系到公司的风气。最后，柳传志选择了一视同仁，把好友的经理职位给撤了，没多久，好友离开了公司。

这样的决定让人们看到了一个强调以身作则，而且一如既往的柳传志。在他的心中，始终敬畏并且相信的是行动的力量。

这只是柳传志在创业初期碰上的一个小问题，在很长一段时间里，柳传志都不可避免地面临着转型问题。从研究工作到办实业是一个转变，从工作人员到领导者又是一个转变。许多规矩都是在这些转变时定下来的，比如其中一条不成文的规矩：有话好好说。

从 1984 创业开始到 90 年代初期，亦步亦趋的联想几乎每年都面临着生死存亡的大事，当时的柳传志身在一线，来自国家政策大环境的变动、联想经营触角的延伸等问题都让他分身乏术，毕竟每一项都关乎联想未来的发展。在这样的压力下，柳传志的脾气也明显见长，虽然当时的柳传志在公司上下威信十足，但发起脾气来还是让一些并不熟识他的人敬而远之。

后来，一件不经意间发生的事情却让他下定了决心坚决不再发脾气。

有一次，一个年轻的同事与下属的对话无意间入了柳传志耳中。年轻人说，柳总之所以这么有魅力，就是因为他能发脾气。这话让柳传志感到非常意外。

他发现，自己的某些言行习惯已经在员工中变成了行为指南，甚至变成了员工发脾气的理论基础，长此以往，这样的效应会层层传导，最后变成了一级一级往下发脾气的恶性循环，整个企业的空气就变得干燥了。于是，柳传志明白了一点，也许自己觉得从口中骂出的话理所应当，但别人未必能悉数接受。有谁愿意总是被人骂？这样不仅起不到改善的作用，反而徒增抵触和反感。从那以后，柳传志下定决心坚决不发脾气，而且一直坚持到了现在。

除了让下属信服之外，柳传志还有一个巨大的魅力，就是能带动上下与他一道为了公司做出奉献。

没有雄厚的资金、没有强大的背景支持，柳传志想在硬生生的市场上砸出花来，的确十分困难。为此，从柳传志开始，整个联想不约而同地奉行奉献的精神。

用他自己的话说，没有办法，当领导的只能多干，下面的人才会跟着干。联想刚刚成立时，不是每个月都有奖金的，即便有也是三两个月后二三十块而已。但是，那些年，联想员工的忠诚却令许多人感到钦佩和感动。

想干事的一群人聚在了一起，名利二字在此时被全然忽略，所有人都拧成了一股绳，风里来雨里去的不在少数，有些人甚至为了业务掉进了深水里。现在的年轻人很难想象，是什么力量支撑着他们如此执着。当牺牲和奉献的基调在强调自我意识的今天略显灰暗时，他们的故事显得更加珍贵。

当年和柳传志一起创建公司的那些人大多数是来自研究所的骨干，他们饱读诗书、技术过硬，他们和柳传志一样，在经过历史的灰霾之后，很想闯出一番天地。此外，这些人的精神境界也堪称高远，他们一半是为了自己糊口过日子，另一半则是想为国家做出更多的贡献。

一直以来，柳传志都为自己在创业初期能够有这样一支团队而感到庆幸和骄傲。在联想，有一个"终生荣誉员工"，这是专门为联想的元老设立的。许多人都说这个奖项的设置说明有柳传志是有情有义的人，但是其实，这个荣誉的背后是对这种精神的感谢和推崇。

即使是看上去"战无不胜"的柳传志也曾经因为经营策略不当而卖起大萝卜。这件事在后来被人们视为笑谈，但在当时却是当头一棒。

改革开放如火如荼进行之际，人们的生活水平开始好转，彩电这些稀罕物件开始走俏。柳传志等人看到了这个市场的前景，于是决定早早进入彩电销售领域，占尽了先机。

这个决策得到了大多数人的赞同，于是，大家热情高涨地弄来了一批彩电，正式开始销售。打开销路之后，彩电还算卖得不错，但由于大家缺少经验，在成本核定时没有将税款计入其中，等彩电出手之后一计税，才发现不仅没赚钱还倒贴了。

最后，大家不得不从附近的农户那里购进萝卜等蔬菜，然后守在中科院门口售卖，一分一分地把卖彩电的亏空给填补上。

当时，买萝卜的人也许不会想到，柳传志和联想会在翻云覆雨的商潮中站稳脚跟，而老柳真正的底气在于他从不仓促，在他的心中装着战略和规划，这是让联想起死回生的"绝世秘籍"。

## ◎ 别拿长跑当短跑

在柳传志带领创业 10 人组跳入创业的大潮时，与他同样有勇气的人并不在少数，据统计，当时在中关村，与柳传志处在同一起跑线上的企业有不下 5000 家，他们都是在改革春雨中破出而出的新苗，姿态傲人而且势不可当，而在这芸芸企业中，柳传志与他的联想则与众不同。

挣扎在贫困线的中国企业很容易被眼前获得的利益阻碍住脚步。不可否认，当时有不少企业最本质、最单纯的想法是冲着"钱"去的。在经历了食不果腹以后，改善生活成了最直观的目的。什么主义、理想之类在这部分人眼中并没有账号上的数字来的诱人、可爱。

因此，许多企业采取的是激进的经营方式，不论好歹，什么好赚钱做什么，什么销量好做什么。比如倒卖光碟、参与房地产。但是，柳传志没有走入这样的轨迹。当周围的企业都赚得盆满钵满时，柳传志和他的联想依然专注于核心技术的开发。

到了 1988 年，中关村里的企业有 90% 不约而同地都垮了。这种一片倒的背后不是偶尔更不是巧合，而是缺乏战略性目标酿成的恶果。

柳传志则不然，从联想创建初期起，柳传志除了完成角色的转变之外，还有一个重要的目标和责任，便是开始学着进行公司的战略分析。

关于什么是战略，柳传志曾在多个场合表达过自己的看法，他认为，所谓战略简单地说，就是不要"懵着打"，要想成功，立意高低十分重要。

从创业初期，柳传志就把联想定位在了一个开创性的高度。在中关村，联想并不是第一个做电脑产品的公司，但却是最终创下奇迹的那个，这与柳传志制定的经营战略不无关系。

在当时，中国迎来了第一次电脑热卖的浪潮。受到宏观经济形势的影响，联想也在其中获得了不错的收益，公司的资本从最初的启动资金 20 万增加到了 70 万元，这在当时，已是一个不小的经营成果。

但是，当很多人决定就这个方向继续发展下去时，柳传志却把钱花在了一个并不见收益的项目上。随着全世界电脑热潮的影响，中国的电脑企业开始面临着解决计算机汉字输入的实际问题，在当时，被称为西文汉化。

在当时，即使这项技术没有被攻克，手中握着走在世界前列的技术的电脑企业也对于自己的销量毫不担心。许多人不愿意放弃高收入的机会，因此将精力放在了拓宽销售渠道上，对于技术研发，更愿意理解成是科学院的责任。

但是，研究员出身的柳传志并不这么想，"西文汉化"的迫切和前景成了他调整公司战略布局的重要依托。因此，当联想的资金有所丰盈之后，柳传志便瞄准了这个机会，并在1985年，正式立项，专门研发联想汉卡这一前沿技术，值得一提的是，柳传志将挣到那70万元全部投放到了这次研发中。

这种看上去不给自己留后路的决策在一开始并没有获得所有人的支持，比起那些日进斗金的企业，有人甚至认为这一决策会搞垮整个企业。

但是，就在同年6月，联想汉卡研制成功，这样的速度大大出乎人们的意料。同时，作为一个有社会责任感的企业家，柳传志并没有将这项新技术收入囊中待价而沽，而是深知此项技术对中国的电脑业乃至整个经济发展的重要性，随后，联想汉卡迅速投入市场，这一举措在获得人们赞叹的同时也为联想带来了丰厚回报。

不久后，联想便实现了超过300万元的年销售收入，并同步完成了公司的原始资本积累，这也成了联想后来一日千里飞速发展的重要前提。

如果把经营企业当成一次赛跑，柳传志的经营理念更像是在参加一场马拉松。可以说，柳传志为企业制定适合的长远战略便是决胜千里的重中之重。

一个有远见的企业家往往在最初的时候不被理解和认同，但却总能坚持下去，用后来的成功惊艳当初那些无动于衷的人。

柳传志就是这样的人。

在联想刚成立不久，公司就为自己找到了一个不错的盈利来源。此时的柳传志对于联想的实力还有国内的销售状况心知肚明。生产一台属于联想自己的电脑是柳传志一直以来的梦想，但是，这在当时几乎是天方夜谭。

摆在柳传志面前迫在眉睫的任务是找到公司得以盈利的起点，经过多次比较分析，最终确定了暂时扮演代理商的角色。

于是，从 1987 年开始，联想就与美国 AST 公司建立起了战略伙伴关系，由联想作为 AST 公司在中国的代理商。

事实证明，这样的决策是正确的。在双方合作的几个年头里，联想的市场份额持续上升，其中还有连续占据中国市场第一位的傲人战绩。

随着香港联想研制出来的主机顺利地被国际市场认可，以及联想标志性地取得来自政府的允许生产和销售联想品牌电脑的批文之后，柳传志关于创建自己品牌电脑的愿望被重新提上了日程。

当这一切出现在柳传志眼前时，一个简单的愿望却演变成了复杂的抉择。要实现这个理想时联想需要承担的巨大风险。这是最大的问题。

自从代理了 AST 公司的品牌之后，联想公司的营业额和利润就有了主要来源。如果联想按既定计划推出自己的品牌，那么，联想和 AST 公司一直以来良好的合作将受到威胁，这就意味着联想有可能要面临衣食无着的巨大风险。

对此，柳传志做出了充分的分析，并总结出了不同的结果。在他的分析中，最好的结果就是联想成功推出自有品牌电脑并逐渐打入市场，同时与 AST 依然保持良好关系，联想可以用代理的利润来支撑自有品牌的发展。

与之相对的最坏的结果，是联想在推出自有品牌过程中产品夭折，并与 AST 的关系搞得水火不相容，最终拖垮了整个公司。

对此，公司里的想法不尽相同，柳传志的决策也因此而变得艰难。在多次探讨和比较分析之后，最终，柳传志选择了自主品牌路子，尽管对此有人意见相左、即便巨大的风险摆在眼前，但柳传志还是将这个决策坚持到底，并且经过精密的策划，得到了联想顺利推出品牌、同时与 AST 关系良好如初的结局。

在联想，柳传志是资历最深的联想人，同时，他也是走在最前沿的联想决策者，他善于从别人的故事中发现利弊。比如柯达的故事就是一个典型的例子。

众所周知，柯达在当初曾是胶卷行业的龙头老大，许多行业先例和规则都是柯达率先制定出来的。但是，柯达在公司长远战略的制定上却是失败的。

在数码相机技术开始时，柯达就研究过，但由于缺乏行业发展的敏感性，他们放弃了这一业务，继续固执地满足于胶卷生产的领域。

结果，数码相机的发展速度超出了人们的想象，一经普及，柯达就无可挽回地破产了。

从这个故事里，柳传志看到了公司的战略需要与时代同步的必要性。"当一个企业已经到有能力制定战略的时候，就会发现，战略方向制定的正确与否，对后面的影响极其重要。"他认为，在企业发展上，方向尤为重要。如果没弄对，即使努力了也是不行的。所以，想要创业，得想清楚了再干，想好了再说。

因此，当联想面临同样的问题时，柳传志的决策起到了至关重要的作用。当时的联想汉卡横空出世之际，可谓是所向无敌。面对高额的回报，柳传志清醒地看到行业发展的脚步，更看到了计算机行业的前景对于联想汉卡的威胁。于是，联想开始进军整机研发领域，通过品牌的创立提升企业的自主力和主动权。

很多人会认为，联想之所以有今天，柳传志的决策眼光是最为重要的因素，如果企业能有一个这样的决策者，又何愁不成大事呢？但对于柳传志而言，战略的决策固然重要，但执行的力度和效果同样会影响全局乃至最后的结果。

柳传志说，很多企业做不长、半途夭折，这其中的原因可能会有很多，但最重要有两点，一是没有制定出好的、适合自己的战略，另一个就是没有将战略执行到位，这种情形同样会导致企业发展的失败。

所以，柳传志是一个懂得坚持的人。从他十几年前与朋友们开玩笑"戒烟"到最后真的坚持戒了下来就可以看出他是一个毅力不凡的人。

这样的坚持贯穿在了联想的发展历程中。在坚持自主品牌的道路上，柳传志从未动摇过，纵使面对千难万阻，坚持做下去的初心却从未被忘记，这是柳传志带给现代年轻人巨大的现实意义。

快速发展的节奏、高速变迁的时代，不管你愿不愿意，那些"一夜成名""迅速崛起"的故事总是在不经意间对你进行狂轰滥炸。现实中一步一个脚印的故事没了继续进行下去的兴致，相信时间会证明一切的信心开始被动摇，最初的梦想是否能到达变成了大大的疑问。

坚持，还有无必要？

带着这样的困惑，前方的路开始变得模糊不清，想要停下、想放弃的想法越来越强烈，在前进的路上，许多人犹豫踌躇不前。

这样的境遇柳传志也有过。且不说最初柳传志带着公司卖过电子表、旱冰鞋时的迷茫，就算是后来决定做自主品牌的联想也同样困惑过。

随着国家政策的变化，国家取消了进口品牌国外计算机的批文，加上关税的大幅减少，国外众多知名品牌开始拥入境内，IBM、惠普……这些行业中已经捷足先登的知名企业成了买家的心头大爱。

凭借此前政策的倾斜以及代理进口的先进经验，此时的联想为自己在国内赢得了一定的市场。但是，当市场的大门正式开启，实力和名气远在联想之上的企业强势入驻时，联相此前的成绩顿时微弱了不少。

经过 10 来年的打拼，此时柳传志年近半百，虽不至于心力交瘁，但岁月还是在他的身上留下了印记。

"联想还能坚持多久？"媒体开始叩问。面对外国品牌大军压境，柳传志沉着冷静。他坚韧地扛起了坚持民族产业的大旗，在激烈的竞争中振臂高挥。暑期电脑培训、推出具备价格优势全线品牌，宣传渐入佳境……这些措施使得联想市场占有率第一次登上了冠军的宝座，并一直领跑至今。

如果当时柳传志被国外响亮的名牌吓退了，或者对自身品牌的魅力缺乏信心，放弃了坚持，那么，就不可能有后来的故事和现在的联想。

在联想，柳传志创下了许多经典的管理理论，这些理论凝结了他一直以来的想法和心血，在商界，这样的理论让柳传志成为名副其实的 IT 教父，也成了受人尊敬的管理导师。

## ◎ 所有传奇只是开端

一直以来，柳传志都为联想有一支强有力的队伍在拼抢市场上冲锋陷阵而感到骄傲，在许多创业的人眼中这样的管理和建立队伍的方式是科学而奏效的，甚至成了新晋企业家竞相效仿的经典案例。

柳传志也毫不保留地将自己带团队的经验和方法教授给大家。如今功成名就的柳传志已逾古稀之年，但每每谈及管理方面的内容依然神采奕奕，就像一个功力深厚的武林前辈，在向晚辈讲述自己的传世秘籍，即使字字珠玑，依旧带着云淡风轻的超脱。

柳传志曾经发表过一篇名为《优秀总裁如何建班子》的文章，在文章里他这样谈道：没有规则是很可怕的，很容易出现这样的情形：很多总裁很能干，他自己定下来该怎么做，他说完了，副手和下属就去做，但是当总裁不说的时候，就完全是一种被动的情况了。你又要你的下属主动，又要按照你的随意性的意见去处理，那是做不到的。如果能像说的这样，企业第一把手跟班子成员的关系，就是大发动机跟小发动机的关系，你所带动的就不是齿轮，也不是螺丝钉。你的下属也可以成为一个发动机，而且能够跟你同步。如果能做到这样，这个企业的活力就非常大了。"

这就是联想的"发动机文化"。可以说，联想的员工都有自己的独立的地位，他们的付出和努力都能获得尊重和认可。在公司的决策上，柳传志注重让他们参与其中，从而成为企业真正的主人，这种凝聚力和向心力是极富魅力的。

联想的员工对于公司的理念和经营管理模式是十分信服的。这与柳传志的言行一致、一视同仁是分不开的。

联想有个著名的"罚站规矩"，无论是谁、无论在公司从事什么工作，只要在开会时迟到了，就要被罚站 1 分钟，这个规矩在联想延续了 20 多年，从未被打破，就算是柳传志自己也曾经被罚过站。

那一次，柳传志准备参加公司高层领导人的会议，开会的材料已早早准备好，但就在准备进入会场时，通往会议室的电梯突然罢工了。出现故障的电梯就这样卡在了两层楼之间，被困在电梯里的柳传志无计可施，只好等维修人员打开电梯时才爬上了楼去开会，到达会场时柳传志已经迟到了。

这条规矩是每个人都熟知的。此时，柳传志没有过多地解释，而是在会议室里自发地罚站了一分钟，以此来维持公司定下的规矩、表达对参会人员的歉意。

也正因为如此，联想集团在 2003 年 1 月《亚洲货币》"第十一届最佳管理公司"的评选中，荣获"最佳管理公司"第一名的消息传出时，大家才会发自内心地感慨，这份荣誉确实是实至名归。

作为一个企业家，柳传志是成功的，当初的那句宣传语"人类失去联想，世界将会怎样？"如今看来一语双关的含义有增无减。作为全球最大的个人 PC 生产商，联想的影响力已经不可同日而语。辉煌的成绩让柳传志的"管理教程"有了最直观最现实的验证。

最广为流传的，是柳传志提出提出的"三心论"，具体来讲就是普通员工要有责任心，中层干部要有上进心，领军人物要有事业心。

这"三心"让联想的每一个人都找到了适合自己的位置。

其中，普通的员工拥有的责任心，可以让他们踏踏实实地把本职工作做好；中高层干部拥有的上进心，则可以让他们有更高的追求，追求更好的物质待遇和更大的工作舞台；对于核心领军人物来说，事业心则让他们把公司当成自己一生的事业来完成，将企业如何生存和发展下去的问题与自己紧密地结合起来，在工作中融入对企业长久地发展下去的考虑。

这就是联想的文化。从上往下都能在一个合适的位置上发光发热，就像电脑芯片中的每一个结点，它们有序而规律的排列才让计算机得以实现高速运转，而联想也依靠这种文化打造出了一支超强的队伍。

在联想，柳传志的理论不仅在过去对联想的发展产生了巨大的影响，还对新一代的联想人产生了巨大的影响。杨元庆曾说过，柳传志带给他最大的影响是两个理论，一个是的"鸵鸟理论"，另一个就是"站出画外看画"理论。

何为"鸵鸟理论"？柳传志曾经这样生动地阐述道："当两只鸡一样大的时候，人家肯定觉得你比他小；当你是只火鸡，人家是只小鸡时，你觉得自己大得不行了，小鸡会觉得咱俩一样大；只有当你是只鸵鸟的时候，小鸡才会承认你大。"

在柳传志心中，自己的目标就是要做一只令人心悦诚服感到高大的"鸵鸟"，在他看来，无论做企业还是做人，都不要把自己的力量估计得过高，有时你认为自己高不可攀，在别人的眼里不过是站在原地罢了。因此，一定要懂得站在别人的角度去想问题。真想取得优势，那就得通过不懈的追求和努力创造出比别人非常明显的优势，只有这样，对方才会真正承认你是高大的。

柳传志另一个著名的理论，就是"站出画外看画"理论。

柳传志喜爱绘画艺术，对于画理也颇有研究，但他真正厉害之处不在于将自己培养成全才，而是触类旁通，从这些艺术中发现那些有利于经营的想法和理论。

这个"站出画外看画"理论比起其他理论颇有几分艺术气息。

"看画，退到更远的距离，才能看得清楚。画油画的时候，离得很近，黑和白是什么意思都分不清楚；退得远点，能明白黑是为了衬托白；再远点，才能知道整个画的意思。打这个比喻是为了时时提醒年轻的企业家要牢牢记住目标，不至于做着做着就做糊涂了，不至于游离目标之外。"

的确，年轻人往往比年长者缺少一份耐心。冲劲、精力对于年轻人来讲并不成问题，一个劲往前冲的习惯有时会因为缺乏"退一步"的思维而变成了束缚。

在柳传志的影响下，联想的干部都学着退出自己的小圈子看待工作，学会根据全局的要求来制定本部门的工作计划，甚至在进行一个具体任务的时候，也会采用这种方法来思考，以此看清自己在现有的工作、在整体全局中处于什么位置，并保持清醒的头脑往前行进。

直到今天，中科院都将柳传志当初的创业和联想今天的成功视为说明科研与市场并非两层皮的骄傲佐证。事实上，柳传志在实现了联想从无到有、再到诸多第一的道路上所创下的奇迹远不止于此。

创立联想时，柳传志已经 40 岁了。在奋力打拼了十几二十年后，柳传志的接班人成了关乎公司未来的重要话题。

柳传志有一双儿女，两人都是学计算机出身，而且学习成绩优异，两人均有美国名牌大学的教育背景。这样的巧合让许多人不免想到，联想是否会步入家族企业的轨迹。

又一个方向性的抉择摆在了柳传志的面前。不可否认，在民营企业的领域里，许多企业家在功成名就之后更倾向于让自己的子女成为接班人，一来出于信任，二来也是想守住自己的奋斗成果。

对此，柳传志公开地表示，他的想法的确是想把联想办成家族企业，只不过，是"没有家族的家族企业"。

此话一出，赢得了一片赞誉。

柳传志对这个概念进行了细致的阐述，他认为联想所建立的这个家族并不是以血缘为基础，而是做一个"有主人"的企业。在这样的家族里企业家不仅仅是在打工，更是将这个企业当成自己的事业来完成，为企业的长远目标负责到底。而对于"血缘家族"，柳传志坦诚地表示那是一种弊病，会是用人时任人唯亲的温床、出现家族利益凌驾于企业利益之上的倾向，显然，这对企业发展十分不利，需要被排除掉，最终目标是建立一个"没有家族的家族企业"。

为了实现这个目标，柳传志从自身开始作起，早早就同自己的家人讲明，不让子女进入联想工作。公司有不少元老的子女也选择了计算机方向，见到柳传志的表率其他人都做出了与他一样的决定。

此外，对推荐来的重要人士的子女，首选条件必须要符合联想的选人条件，并要求有三个副总裁同时签字，表明说明这个人选不存在任何个人的关系。同时还必须说明进来以后升迁全靠个人实力说话，不攀亲带故、不透露身份，公司将一视同仁。

在柳传志和联想的进程中，"奇迹""创新"这样的字眼一次次地出现在人们面前，的确，一个 40 岁才下海的中年人，在商海浮沉中不仅没有被淹没，反而是稳扎稳打，创造出一个庞大的 IT 王国。

作为第一个收购海外名企的中国企业、在冲进世界 500 强后又登顶 PC 巅峰，这位沉稳的中年人积累了可靠的经验，但他一点也不孤傲，相反，他和蔼可亲、睿智不减，乐于将企业经营管理的经验与他人分享，并传播他独有的、关于事业和人生的感悟。

也许时代变迁、大江东去让他的故事显得有些泛黄、苍老，但是，这些故事里的精神却依然光彩夺目。也正因为如此，柳传志才多了一个尊称，叫"商业思想家"。

# ——· 宗庆后 ·——

## 走出一条水路

## ◎ 沉默的中年创业

　　知青下乡，是上个世纪四五十年代出生的人们的普遍话题。在那个特定的历史时期，有很多知青上山下乡，在田间地头挥洒青春，留下岁月斑驳的倩影和疏离的脚印。很多人，不愿提起当知青的那段岁月，因为有太多的伤痛被遮盖，有太多的辛酸被埋藏，有太多的苦闷不曾释放。

　　宗庆后也是那些热血青年中的一分子。但是宗庆后却十分感谢自己 15 年的知青生活，因为，那些漫长的，没有尽头的日子里，宗庆后学会了坚强，学会了吃苦，学会了忍耐……

　　1963 年，宗庆后结束了宁静充实的初中生活，开始奔向下一个人生起点。当考入杭州师范学校的通知书发到手上的时候，宗庆后认为自己会有另一个活法了。可是，事与愿违，报考师范学校是有前提条件的，报名者必须是贫下中农。无奈，宗庆后因为家庭成分不好，与师范院校擦肩而过了。

决定另辟蹊径的宗庆后，几经辗转，来到了浙江舟山马木农场当起了知识青年。因为这里不论出身。这对于有志青年宗庆后来说是天赐良机。

在母亲的不舍和哭泣声中，宗庆后背着行囊踏上了知青下乡这条路。可是，连他自己都没有料想到，这条路有多么难走。在舟山马场的生活是无比艰苦的，整日地挖盐、挑盐、挖盐、挑盐，周而复始，一切都是固定模式。但是，宗庆后并没有被这样的生活所吓倒。短短的一年时间，他就被评选上"上山下乡积极分子"。

面对苦累，他的脊梁仿佛压不垮似的。肩负起生活的重担和对未来的热望，坚定地在烈日骄阳下行走着。

1964 年，宗庆后在舟山马场停办后，又来到了一个新的环境——绍兴茶场。在这里，他种过茶，割过稻，烧过窑，喂过猪。这一干，就是风风雨雨 14 年。在此期间，他尝遍人间苦楚。

整整 15 年的知青生活，农村艰苦的劳动、乏味的生活、遥遥无期的回城梦，这些不知道磨灭了多少知青的青春理想。可是，宗庆后却坚持了下来，内心的一团火始终在熊熊燃烧，他总觉得，未来还有很多挑战在等着他。

最好的证明就是在这长达15年的时间里，宗庆后一直没有放弃对知识的渴求和猎取。农场的工作繁重，薪水微薄，可就是这样，宗庆后还是在每个月的工资里省下钱买书。那时候每个月的工资是20多块钱，除了安排自己的生活，每月寄几块钱回家之外，剩下的钱都被宗庆后拿去买书了。

在绍兴茶场的日子里，宗庆后读得最深、最透、最有收获的就是《毛泽东选集》。是毛泽东思想给了宗庆后无穷的精神动力，正是这种近乎偶像崇拜的力量，支撑着他以平和沉稳的心态在那个艰苦的环境中蛰伏了十几个春秋。

当再一次回城的时候，宗庆后已经从当年的英俊少年，变成了中年男子。33岁的宗庆后错过了人生最美好的年华。当他的3个弟弟都从插队的农村回到了杭州，只有他一个人还是孤身在外。父母担心儿子的生活，写信劝他在当地娶妻生子。为了让儿子能够早点在绍兴当地体面地娶上一个媳妇，全家人拿出家里全部的积蓄买了木料，大弟做木工，二弟做油漆工，一家人全部上阵，为宗庆后打制了一套崭新的家具，并火速托人带给了他。可是让宗父宗母万万没有想到的就是，当家具到达绍兴的第二天，宗庆后就雇了车，将一车的家具送回了杭州。并捎来一句话："人活着，必须干一番事业，不能碌碌无为地过完此生。"这话的分量很重，很重，压得父母亲满眼泪水，泣不成声。

在海滩上挖盐、晒盐、挑盐，后来又到绍兴茶场种茶、割稻、烧窑，那时的宗庆后是一个郁郁寡欢的失落少年。在被命运之神遗忘的农村，宗庆后一待就是15年。但是这15年单调枯燥的生活并没有磨灭这个少年的意志。回顾自己青年时代的这15年，宗庆后颇为感慨："我在农场待了15年，从17岁进农场，到34岁离开，没有一天停止读书。在农村比较闭塞的地方，看起来是虚度光阴，每天早上起来以后吃饭，然后去干活，干活吃饭睡觉。应该说这15年，是人生当中最年轻、最有成长希望的大好时光，看起来好像是荒废了，但我感到这15年，对我整个人生道路确实是有极大的帮助。至少这15年的艰苦生活，磨炼了我的意志，同时也吃得了苦中的苦，练就了较好的身体。所以，这些都为我42岁以后的再创业，打下了比较雄厚的基础。这15年，我没有白去。"

"没有白去"，看似平淡的话语，隐含了多少看不见的凄风苦雨。轻描淡写地总结了自己人生中最苦难最青春的岁月，这是怎样的豪迈和旷达。不念过去，不忘未来。正是一直秉承着这样的信念，才支撑着这个并不魁梧的身躯一直走到今天。

今天的人们，看到的常常是成功者人前的辉煌和璀璨，但是在耀眼光芒的黑影里，是无尽的辛酸和道不尽的苦楚，而这些也只有身处其中的人才能体会得到。

无论是褚时健还是宗庆后，都有一段艰苦的岁月，都有一段不堪回首的往事。但是他们都没有选择向明月低头。"向晚欠伸徐出户，落花帘外自纷纷"，人世的沉浮起落谁又能说得准呢？

当三十几岁的宗庆后再一次回到西湖边，杨柳依依的苏堤上依然游人如织，而且更加繁华，荡漾在湖中的乌篷船里隐约飘来轻快的笑声，落在堤岸上。这画面似曾相识，又有些陌生。它出现在宗庆后的眼前，也荡漾在他的心上。今后的人生该怎么走？这是一个沉重的话题。既然选择了远方，便只能风雨兼程。

回到杭州的宗庆后，做过很多工作。最开始的时候只是校办工厂里糊纸箱的普通工人。因为工作兢兢业业，所以很快被领导看重去做销售。如果说宗庆后是有意识地去创业的话，那还不如说宗庆后是被推动着去做一番事业的。因为在最开始的时候，宗庆后只是想把事情尽量做好，没有更多的想法。天道酬勤，君子以自强不息。这句话激励着一代又一代人不断探索前行。

与简单的糊纸箱相比，供销员的差事可不好做。需要到处贩卖冰棍、作业本。大家都不喜欢这样费力不一定讨好的事情，也不喜欢走街串巷地吆喝。可是宗庆后没有挑剔，依旧起早贪黑，干得兢兢业业，没有半点懈怠。与人打交道总比日夜与不会说话不会动的纸箱打交道要好。

宗庆后的搭档从板车变成了"黄鱼车"。他的任务是去学校推销课本和雪糕。一个学校接着一个学校地去转，去谈。为了几分钱的薄利，他不辞辛苦地一次次上门、一次次拜访。这就是宗庆后一生财富的最原始积累，这些宝贵的客户资源都是创业成功最坚实的保障。

斗转星移间，在杭州奋斗的 8 年生活就这样过去了。此时已经是 42 岁的宗庆后，感到了生活的无力感。苦不堪言的底层奋斗使他更加寡言和沉默。孤独的岁月里，他习惯了将不如意的事情压在心底，习惯了将一切慢慢消化，等到第二天的太阳升起，又是崭新的一天。

一个 15 年，一个 8 年，积累了 23 年的能量就缺少一个释放的口子，一次破釜沉舟的突破。

1986 年，宗庆后已过了不惑之年。这样的年纪可能与创业毫无关系，可是，42 岁的他终于等来了一个创业的机会。

1986 年 4 月 6 日，宗庆后被任命为杭州市城区校办企业经销部经理。正是这一纸委任状，将宗庆后送上一路青云直上的人生巅峰。

宗庆后曾说："这个委任状应该是我人生的一个转折点，等于说是我们上城区教育局给了我一个机会。"

这是怎样的机会呢？那个年代的学生用品很廉价，橡皮也就是 2 分钱一块，作业本也就是 6 分钱一本。满打满算只有几厘钱的利润，可这些在宗庆后那看来，聚沙成塔的概念占了主导力。他坚信总有一天会发生变化的。

不嫌钱少，不嫌利润薄。这就是扎根农村十几年之后的沉淀和勤恳。

大器晚成，厚积薄发的宗庆后，落在了王石的后面，史玉柱更是将同一时期的他甩出了几条街，但是，宗庆后从来没有放弃过。他不急不躁，凭着自己的本事，循着自己的初心，兢兢业业做事，本本分分做人。

不荒度每一天，也不放弃每一次机会。所以，当1987年，改革开放的调子唱响到了杭州的时候，宗庆后抓住了很有可能是人生中的最后一次机会，不惜一切代价，自主创业。杭州市上城区教育局决定以2万元的价格，将"杭州市上城区校办企业经销部"承包出去，实现经销部自营。当年的很多人都是乘着这阵东风而"扶摇直上"。成为了我们耳熟能详的名字，也有很多人浮出水面，要"氧气"。宗庆后再三考虑后决定放手一搏，最后以14万元的价格中标，从此开始了正式的创业。

不甘沉沦的英雄梦在这一刻终于有实现的机会。宗庆后脚步坚定，从容稳健。

## ◎ 摸石头可以过河

一个沉默的中年男人，在困顿苦闷中熬过了二十几年，当终于站在人生的转折点上的时候，却有些不知所措。

在上个世纪的八九十年代，赶上改革发展浪潮的创业先锋有很多人。这些人中要么是天赋异禀，有着超人的才华；要么是独具慧眼，有着过人的魄力；要么是时运机遇，抓住了就不放手。可是，这个只有高中文化的宗庆后，一无家世，二无学历，三无经验，他能够在风起云涌的商场上攻营拔寨，创立辉煌吗？

可是，在今天看来，这个 42 岁才开始摸着石头过河的宗庆后是成功的。"娃哈哈"这个名字被这个上山下乡的"知青"搞得有声有色。

在创业之初，宗庆后根本不知道什么是经商。从严格意义上说，他应该算作是政府承办的工厂里的一个部门负责人，主要工作是负责销售。这在宗庆后的思维意识里，就是最初的经营意识。是那 8 年的销售经历给了宗庆后无尽的财富，使其受用终身。

21 世纪教育为先，其实早在 20 世纪的末期，儿童教育已经引起了中国家庭和社会的重视。原因和人们的生活水平提高有着密切关系。不能否认的是，在计划生育的体制下成长起来的"独生子女"这个群体，越来越多地引起社会的关注。在中国国情下，常常是一个家庭，倾尽全部的心血和力量来抚育一个孩子，那么，在孩子成长的过程中，重中之重是身体健康。从这一点考量，宗庆后就先打了营养这张牌。

1987 年 7 月 4 日，宗庆后关于建立"杭州保灵儿童营养食品厂"的提议，得到了杭州市计划委员会的赞同和支持。名正言顺后，宗庆后开始大规模地招兵买马。汇聚人才，组建自己的团队，准备到商场上正面拼杀。这样大规模的动作，对于宗庆后来说，还是第一次。虽然之前在供销部里常常做推销产品无非也就是几分钱的橡皮、几毛钱的作业本，或者夏天卖卖汽水和冰棍，但是，像现在这样开厂子，生产营养液，推销到市场上去，对于宗庆后来说，还是第一次。

皇天不负苦心人，因为之前多年的苦心经营，宗庆后与杭州上城区的大部分小学和幼儿园都建立了良好的供求关系。"东西好，价格公道，人也厚道"，宗庆后就是公司的活招牌。所以，借助之前积累的客户资源，他用了 3 个月的时间，就创造了 120 万盒花粉口服液的销量。一年之后，全年的销售额达到 436 万元，远远超出了宗庆后最初给自己制定的目标。

在上个世纪 80 年代末，卖东西赚钱的人有很多，但是很少有人相信，卖一种只针对儿童这个单一群体的口服液能够获利这么多。这是宗庆后艰辛创业的第一桶金。收获的除了金灿灿的"金子"之外，还有他自己的"生意经"——找准市场缺口，出全力进行攻势。时间短，收效快。之后宗庆后的每一次出击，都会先拿这个标准去衡量一番。

盛久必衰，这是自然的定律，也是人类历史前进的规律。在经过了一段时间的洗礼和沉淀之后，他又做出了一个决定，退出儿童营养品这个行业，因为市场已经接近饱和。更何况，儿童营养液只是代理的品牌，自己的食品厂一直都没有自创品牌。

宗庆后每一次的转变都是迎合了自身企业的发展和时代的浪潮。在这里，我们可以说宗庆后是幸运的，因为他在每一次的转折点上都选择了正确的方向。同时，我们也要承认，宗庆后胜在锐意进取和绝不墨守成规。在新经济飞速发展的时代，谁能够率先打破僵局，谁就抢占了市场先机。

宗庆后对市场的走势非常敏感。儿童营养液由盛转衰是必然的趋势。所以宗庆后率先联系了浙江医科大学营养系的教授朱寿民，希望能够借老教授丰富的科研经验和阅历，针对中国儿童营养不良的情况，重新研制一种有利于中国儿童消化配方，解决孩子们厌食、挑食的问题。

10多年后，当宗庆后回忆当初，颇有一番感慨："如果不是当初朱教授的鼎力相助，是不会有娃哈哈的今天的。"不管是当初的改革开放，还是如今的时代，一个准确无误的产品定位是一个企业可以做大做强的基底，好的方向引领着企业的前进。目标越明确，步伐越铿锵有力。

市场定位找准了，产品有了，可是叫个什么名字好呢？这是个巨大的难题，因为一个产品能否卖得好，名字至关重要。解决这个问题，宗庆后的方法让所有的人大跌眼镜——全民征集。

这是一个大胆的想法，会有人为了一个小孩子喝的营养品大费周章去起名字吗？杭州城里每天有那么多的事情发生，会有人理会这么个小小的事情吗？万一根本没有人"接招"，会不会很尴尬呢？对于这些质疑，宗庆后有自己的想法。首先，集众家之所长，应该会得到一个好名字，至于无人问津，宗庆后就来个"悬赏"。总之，这样的"怪招"一出，杭州城里茶余饭后，都在谈论这件事情，收效明显。

有偿征名的启示一经刊登，就得到了社会各界的广泛关注，人们不约而同地开始留意这次活动，继而开始关注这个尚未面试的新产品。新鲜感和好奇心牵引着人们的视线。原本是一个很小的事情，却在几天之内，变成了一个全民活动。这样惊人的宣传效果，完全超乎宗庆后此前的预期。

在活动结束的时候，他一共收到了几百个风格各异的名字。宗庆后在参加专家小组评审时，一言不发，他像是一个外人一样，安静地坐在一旁，听大家的讨论意见。

激烈的讨论从早晨一直持续到下午，在锁定了几个名字之后，宗庆后还是觉得不满意，总觉得少了些什么。办公室里的气氛也由之前的热烈、火花四射，渐渐变得沉闷而凝固。在几番讨论无果之后，把之前的结论重新推翻，当工作人员念到"娃哈哈"这个名字的时候，宗庆后眼前一亮，就是它了。

"娃哈哈"的创作者是朱松龄，当时任上城区少年宫主任，与宗庆后早就相识，两个人都属于上城区的教育系统，可以说是同事关系，平常就很熟络。这次的征名能收到这样的创意，宗庆后也很意外。

当笑容满面的宗庆后宣布用"娃哈哈"这个名字命名新产品的时候，他丝毫没有注意到专家满是疑惑的脸。专家们都很纳闷"娃哈哈"到底有什么魅力，能让他一锤定音。面对专家的逆耳忠言，宗庆后自有解释：首先，新产品问世初期，必然要力求将知名度一炮打响。能够有如此号召力的名字固然需要具备新颖、奇特这样的特点，但能够吸引人们的注意力才是最主要的。

其次，"娃哈哈"最早是一首著名的儿歌，小学一年级的音乐教材中就收录了这首歌。其中的歌词传遍了大江南北："我们的祖国是花园，花园的花朵真鲜艳，灿烂的阳光照耀着我们，每个人的脸上笑开颜。娃哈哈，娃哈哈，每个人的脸上都笑开颜"。这样美好而质朴的歌词传达的是美好而质朴的心愿。也符合新产品面向儿童的定位。让孩子感兴趣，喜欢它是产品的第一步。

除了理论上的分析，还有就是宗庆后的个人情怀。对于"娃哈哈"这三个字，他可谓是一见钟情，一入耳就能够判断这是他最想要的名字，也一定会是个好名字。

四十几岁的男人，创业艰难中依然童心未泯，保有一个纯真的情怀，这是最难能可贵的。

理性夹杂着感性，不管是什么样的过程，最终的结果是令人满意的。投入一份广告费，不仅收获了一个颇有新意的名字，还收获了人们对产品的关注，可谓一举两得。在娃哈哈几十年的风雨历程中，它的名字一直停留在人们的视线中，它也成长为中国最具影响力的民族品牌。

"娃哈哈"这个品牌，从进入人们视线的那天起，就注定带着欢乐融洽的气氛，伴随着一代代孩子们成长。同样，作为家长，也会选择娃哈哈，这就是几十年来娃哈哈与消费者建立起来的信任和联系。

## ◎ "国王"与"苦力"

当一个人的财富积累到一定的程度，会有三种情形。第一种，他们的眼中只有作为流通货币的钱；第二种，贪与享乐，这是很多富翁都无法摆脱的人性弱点，无可厚非；第三种，保持精打细算的精神，秉承着"钱要花在刀刃上"的箴言，勤俭持家。

显然，宗庆后属于后者。宗庆后的"吝啬"精神是有目共睹的。在登上富豪榜首后，宗庆后平静地说"这个榜单我觉得主要还是体现公司价值"。撇开首富的光环，他看到的是更深层次的东西。

如此云淡风轻，怕是没有几个人能够做到。

他是大器晚成的创业者。在踏上征途的那一刻起，已经是不惑之年。对于当年创业时的情形，宗庆后仍旧记忆犹新。1987 年的夏天，天气闷热，杭州的小巷子里，一个人影也没有。他蹬着三轮小货车，走街串巷地卖各种文具，吆喝棒冰、汽水。大雨滂沱也好，烈日当空也好，从没有偷懒过。正是当时不怕苦累的精神，奠定了最初的创业基础。对自己狠一点，就离成功近一点。

"国王"与"劳工"，他们看起来隔着千万里的距离，但有时却是一个人的两个侧面。

时代风云变幻，商场几经沉浮，见证了许多辉煌成就和许多落魄凄凉。世事难料，可是娃哈哈始终屹立在这里，经得住沧桑巨变。在整个中国，娃哈哈拥有 40 多个生产基地，它们遍布 29 个省、市、自治区。有着如此霸气业绩的娃哈哈，如今依旧挤在杭州清泰街一栋 6 层的办公楼里。

这是一座十分不起眼的灰色小楼。与富豪的名头一点也不沾边，与中国饮料巨头的名号格格不入。有钱了，宗庆后勤俭节约的习惯却没有丢下。娃哈哈"没有向银行贷款一分钱"，这在其他企业中是很难见到的。这与他"分厘必争"的吝啬分不开。用宗庆后自己的话说：娃哈哈从未上市，所有的资产都是靠着一点一滴的积累打拼出来的，都是实实在在，看得见的财富，更加真实，也更加可靠。所以，娃哈哈始终坚定步伐，在其他企业不断抱怨生意越来越难做的同时，娃哈哈依旧在前进，保持着自己的节奏。

不拘小节的宗庆后在员工的眼里，从不在意自己的个人形象，穿衣打扮也不讲究，他完全不像是身家过百亿的有钱人。哪怕是出席活动，他依旧是夹克衫在身，与华服美衣的他人相比，仿佛是两个世界的人。他就是平民化的富豪，对自己格外吝啬，没有牌子的夹克衫，最普通的布鞋，不过几十元钱，可他却中意这些别人看不上的东西，甚至调侃自己："几十元钱的衣服穿在身上，人家都会以为是几千元的，我干嘛花钱买名牌啊？"

曾经有一次录制节目，在风光秀美的西湖边，他一边饮茶一边谈心。等到节目录制结束，宗庆后不无感慨地说道："我在这座城市生活了大半辈子，没想到原来坐在这里喝茶这么舒服！"

一位富豪榜的名人，身价以百亿计算，我们凡人的想法是天天在西湖边喝茶都可以。有下属甚至建议，真要是喜欢这里，把办公地点索性搬到西湖边上算了，累了可以坐在湖边喝喝茶，看看风景，和看风景的人一起，欣赏西湖的美景，那自是一番轻松和惬意。

可是宗庆后却是以苦行僧的方式过着现在的日子，他没有一天的松懈和懒惰。

30年来，他始终在最前线奔波劳碌。一年中甚至有一半的时间和员工奋战在一线。娃哈哈转运的每个环节，他都会过问，都要操心，没有休息和娱乐的时间。甚至度假放松之类的活动，他从来没有安排过。唯有工作，是他坚持最久的事情。

从这一点看来，宗庆后就是一个十足的"苦力"。他的事必躬亲，也决定了他是一个"独裁者"，绝对的统治权，绝对的话语权，没有任何疑问和迟疑。

在娃哈哈集团的组织构架里，自始至终没有副总裁的位置。公司高层唯有宗庆后一个人，生产、销售等各个领域的细节管理则是通过各个部长担任。没有人能够左右宗庆后的想法。事无巨细，全凭他一个人做主，是进是退，是赏是罚，由他定夺。公司上下，以"绝对服从"为原则。

宗庆后之下，是中层管理人员。直接负责具体事务的执行。有情况也会第一时间反馈到他的手中，让他知晓大事小事的进展情况，然后得到他进一步的安排。仔细观察，就会发现娃哈哈的中层中，女将居多，当然不是巧合，这是宗庆后的用人之道，即"因为女将听话，执行力比较强"，服从命令，是最好的员工。

这般高度集权之下，是宗庆后的一人独大。庞大的娃哈哈王国，少了谁都可以照常运转，唯独不能缺少灵魂人物宗庆后。

他可以在没有任何组织考核程序下，一夜之间将公司的人事部长、生产部长另派人选；可以在与销售公司总经理没有任何事先沟通的前提下，瞬间免掉几个省区销售经理的职务。做得好不好，全都在他眼里，升级或是降级，甚至是免职，他的心里自有一本账。但是，虽然是掌握着如此之大的生杀予夺大权，宗庆后却从来没有裁掉任何一个人。

在宗庆后的心里，他始终坚持善待每一位员工，因为那才是娃哈哈的生命线。娃哈哈集团自创建以来，一共为员工提供了2500套住房，建筑面积10万平方米。这是民营企业的一面旗帜，究竟应该如何对待自己的员工，宗庆后做出了表率。

衣食住行的后顾之忧都已经清除干净，这远远不够，娃哈哈对员工关怀备至。每年的除夕，都是外来务工人员最惆怅的时候，看着当地的同事都欢天喜地的回家团圆自己却不能回家，心中的酸楚可想而知。为了宽慰不能回家过节的员工，娃哈哈为他们精心准备了"千人年夜饭"以及春节团拜会、"春风"行动等等。他让所有的员工都知道，这里是他们的家，也会为他们送去温暖，帮他们把孤独和冷清一并赶走。

每年春节，公司都会为在杭州过年的外来员工准备丰盛的年夜饭，总经理宗庆后亲自到各基地，举杯祝酒，与大家共迎新年。春节团拜会上，宗庆后向干部员工一一敬酒，并特别感谢外派干部和销售人员的家属对娃哈哈事业的支持和奉献。

扶持都是互相的。员工任劳任怨，企业自然也不会亏待自己的员工，甚至为大家考虑得更加长远。这就是娃哈哈的生存之道，这就是宗庆后成功的原因。永不言败的奋斗精神，永不松懈的进取精神，永不停止的前进步伐。从"劳工"到"国王"，一路走来的艰辛无人能够得知，能从"国王"做回"劳工"，更是一般人所不能承受的压力和决绝。

宗庆后，带领着自己的饮料王国，开疆拓土，高歌前行……

# ——·任正非·——

## 所有被超越的苦难都是财富

### ◎ 不怕从零开始，只怕从未启程

深圳，成就无数人梦想的渔村。

在很多人的心中，改革开放的 30 年是中国经济飞速发展的黄金期。中国经济在一位老人的指引下及时地进入快车道，并且急速前行，一路欢歌。与此同时，南方、广东、深圳，这些地理名词变成了"热钱"的象征。大多有经济头脑，敢拼敢做的人在上个世纪八九十年代成功地进行了原始资本的积累，并迅速跻身于成功人士的行列。

这当中不乏后来的知名企业家和风投公司的幕后老板。在那个时代成长起来的一批商界精英里，有一个人格外耀眼。因为在他的身上一直在讲述着一个传奇：大器晚成。

有人说，在中国近 10 年没有出现过一位成功的企业家。这句话固然道出了经济飞速发展的今天"掘金时代"在慢慢消逝，资本市场的运转规律被更多的人解读的同时，也减弱了创造财富、缔造商界传奇的可能性。每天淘宝网上都会有新的店铺开张，但是，即便是如火如荼的电子商务产业，也在艰难地前行。

这样的现象不禁让人思考：为什么在科技和经济高速发展的今天，做一个公司、做大一家企业会这么难？或许我们可以在华为创始人兼总裁——任正非的身上找到一些破解的密码。

排除时代的特殊性和国家经济政策的扶植等诸多外在因素，华为的成功，任正非的成功更多的是来自个体生命的不懈追求与努力，以及他内心强烈的民族自强不息精神的召唤。

大器晚成的任正非在 43 岁的不惑之年才选择下海经商。当历尽商海沉浮跌宕 30 年之后，回首来时路，任正非笑傲于江湖。江湖一直有关于他的传说，而任正非真正出现在江湖中才不过几年而已。一直秉持着高调做事、低调做人风格的任正非在更多的时间里，都是大众眼中神秘的华为教父。

任正非在创办华为之前，曾经当过兵，准确地说是部队里副团级干部。当然，这个级别在军队中显得略低了一些，但是任正非自从大学毕业之后，走进军营，就从来没有回头过。无论是在条件苦寒的云贵高原，或是人烟罕至、环境闭塞的深山老林，任正非都以一个军人的姿态挥洒着青春的汗水。人的一生中每一次的经历，每一个阶段的打磨都是为了成就一件不平凡的事情。只是在成功没有到来的时候，更多的人在过程中选择了放弃。

任正非转业来到了深圳，之后是经商被骗，遭遇被解职、被离婚的厄运。

一事无成，一无所有的任正非在失去了工作和家庭之后，决然地和过往的人生告别，开始一段新的征程。不怕从零开始，只怕从未启程。

43 岁，孑然一身的任正非选择创业。这在当时的深圳并不是什么稀奇的事情。虽然上个世纪 80 年代，很多内地的人还不懂什么叫"创业"。更多的中国人还在朝九晚五地工作，享受生活的安逸和舒适，但是在南方，在深圳，已经有一些近乎"疯狂"的众徒在到处掘金。但是任正非却和很多来到深圳想要"捞一把"的人不同。任正非多年的军人素养已经把他训练成了一个严谨、正直、踏实、认真的人。用他自己的话来说："当时一无所有，只能创业了。"所以，任正非在创办华为的时候就下定了决心，一定要做出一点成绩来。

之后的 30 年，国人共同见证了任正非的鸿鹄之志。没有人能够想到，华为在创立之初注册资金仅有 2.1 万元人民币。经过30 年的发展，现在的华为总资产数以亿计。为什么华为可以成功？是因为任正非身上的"狼性"精神，更是因为任正非的远见卓识。

这个商业传奇，离开了任正非几乎是不可能实现的。他是一个少有的同时具备卓越的战略眼光、偏执狂般的执行力与商业雄心的企业家；华为的崛起，也离不开任正非打造的优秀的团队——"满世界拼命的华为员工"。

现在的华为员工有 17 万人。可是在创立之初，华为的核心团队仅有 6 人。这 6 个人都是当年义无反顾地要跟着任正非苦干的挚友。在几个人中郭平是任正非忠实的伙伴，如当时的郭平，还仅仅是华中理工大学的在读研究生。

一位大学教授带着郭平等几个研究生到深圳参观调研，遇上了正在物色合伙人的任正非。郭平有着年轻人的热情和对未来的憧憬，这是任正非决定拉他入伙的最重要的因素。寻找合伙人的过程是痛苦的。当年的任正非可以说是一贫如洗，谁会相信空口白牙的理想和抱负呢？

1987 年 9 月，华为技术有限公司以"民间科技企业"的身份获得了工商局的批准，注册资本 2.1 万元人民币，员工 14 人。43 岁的任正非为法人，与另外 5 人均分公司股权。办公场所是租用的南油新村杂草丛中的一栋居民楼。

43 岁的年龄，对于一个白手起家的创业者来说算是"大龄青年"。人生走到绝境处，只有抱着绝杀的信念才能闯出一条活路来。奋斗才能生存，这是支撑华为多年的信念。当人生没有退路可走的时候，只能选择依然前行。

不惑之年的任正非，当时在想些什么？权衡利弊之后的抉择总有些悲壮的色彩。像是出征的将士临行前的最后一瞥。眼神中的坚定和执着是支撑他走下去的不竭动力。

简陋的办公地点，寥落的人员、华发早生的任正非，这些构成了华为最早的"班底"。此前的工作经历不能够给这个新兴的企业任何有建设性的指导和帮助。任正非只能带领着他的团队从做进出口贸易开始。那时的人们，习惯性称这种拎起包就可以走人的小公司为"皮包公司"。华为最初的业务主要是采购一些有点科技含量的电子产品，如火灾警报器、气浮仪等，在转手卖出的同时赚点差价。

这并不是任正非创办实业的初衷，但为了生存，公司在最开始的时候什么业务都做，除了电子产品倒卖，他们也卖过其他紧俏的商品。甚至卖过保健品、减肥药。有一次，还差点要卖墓碑。那是一个饥不择食的时期，当生存都成了每日要面对的问题时，梦想只能压在心底。

实际上，在当时的深圳，这样的"二道贩子"公司遍地都是。因为那是一个消息闭塞的年代，那是一个物资紧缺的时期，那是一个物质极度穷困的时代，所以很多有渠道，有销售终端的贸易公司应运而生。所有人的心里都十分清楚，这样的进口，卖出，再进口，再卖出的利益链条是十分脆弱的，是经不起市场的考验和任何国际风浪的震荡的。但是很多人都选择到处抓钱，而放弃了长远的规划。

任正非在进行倒卖的同时，也在思考一个问题：没有自主产业，民族经济的振兴就是空中楼阁，没有自主研发的技术，完全依赖进口，这是十分危险的游戏。一旦金主不高兴，随时可能扼住咽喉。许多早年加入华为的人都还记忆犹新，每当有人在办公楼下高喊："来货了！"从任正非到所有人，全都欢呼一片，冲到楼下，从大卡车上卸货。如果不是任正非胸怀的理想和一群人的"野心"，华为也许会跟其他皮包公司一样被湮灭在历史的风尘中。

1989年底，华为的代理之路走到了尽头。其实，通信设备业内烽烟四起，群雄争霸，已经进入了草莽英雄起家的年代。所以一天晚上，任正非为大家亲自下厨，煮了肉丝面。然后对所有的人说："感谢各位同仁过去为华为做出的贡献。现在华为面临重大的转型，也意味着面临更大风险的挑战。如果你们谁对华为没有信心，吃完这碗面条，领了工资，明天一早就可去另谋生路。愿意留下来的人，则要过更加艰苦的日子，可能未来的几个月甚至更长时间没有工资可发。不过，公司不会欠大家一分钱，到了有钱的时候会一起发给大家，或者将你们的部分工资入股，让大家都成为华为的股东。"

大家听了任正非的话，都默不作声，慢慢地吃面条。第二天早晨，一个人也没走，大家仍旧各自做好本职工作。华为自此开始摸着石头过河，走上了一条全新的探索之路。

大家没有辜负华为，任正非当年的承诺也没有食言。

最初的创业是无比艰难的选择。任正非曾经说过，后悔上了通信这条船，产品更新换代速度太快，一旦上了船，就只能拼命地向前，因为没有退路。如果当年选择开个餐馆，或许没有现在这么累，也能赚很多钱。看似是一句玩笑话，但是各种心酸，只有亲历者和共同奋斗过的华为员工才能体会到。

曾经的一无所有都是为了现在的荣耀辉煌。不怕没有未来，就怕没有开始。任正非的启程稍微晚了一些，但是过程是艰难中带着精彩，结果必定是辉煌中成就人生。


## ◎　最基本的使命是活下去

30年来华为一路高歌猛进，创造着各种各样令人瞠目结舌的商业神话。然而创始人任正非却似低调而谨慎的王者，时刻带着危机感，默默引领着庞大的通讯帝国前进。

在整个进程中，强大鲜明的企业文化是支撑着这个庞大队伍步调一致的精神支柱。

穷困是有大作为的人的第一桶金，饥饿感就是一个人不竭的动力源。任正非感谢生活给自己的馈赠，他认为："华为最基本的使命就是活下去。"

1944 年，任正非出生于贵州安顺地区镇宁县一个位于贫困山区的小山村。在华夏文明的发展史上，黄河流域的华北平原一直是靠着肥沃的土地滋养着最原始的族群部落，使其繁衍生息。所以高原盆地，纵横交错的水系山脉，再加上潮湿暑热的天气，使云贵地区的人们生活艰难无比。这样的生存环境一直延续到文明成熟的上个世纪四五十年代。在建国之前最后的历史关头，全国的百姓都处在饥寒交迫的境遇。饥饿感是任正非少年时期最清晰深刻的创伤记忆。

他的父母都是教师，家庭背景是他一生的第一个决定性因素。一家 9 口人，采取分餐制，这样可以保证每一个人都能够活下去。任正非上高中时，常常饿得心慌，也只能用米糠充饥。他家里当时是两三人合用一条被子，破旧床单下面铺的是稻草。就是在如此艰苦的环境下任正非走过了童年和少年时期。任正非高中三年的理想只是吃一个白面馒头！可以想见，任正非青少年时代是在怎样的贫困中度过的。生活的艰辛以及心灵承受的磨难，成就了少年任正非隐忍与坚定的性格。他感慨："我能真正理解活下去这句话的含义！"

当生存变成了一个家庭的头等大事的时候，父母亲的选择是让一个人先想方设法活下去。活下去，才能让剩下的其他人有生存和生活的可能，更是出于一个知识分子对知识的重视和追求，即使在最困难的三年自然灾害时期，任正非的父母仍然坚持从微薄的工资里省出钱来，供孩子们读书。上大学之后，任正非内心有强烈的负罪感。原因就是"高额"的学费和生活费无疑给家庭生活雪上加霜。临上大学前，母亲把自己学校里高三毕业的学生丢弃的棉被拿回家来拆洗，重新为任正非缝制了被子。带着少得可怜的生活用品，任正非踏上了求学之路。出发的时候，任正非的眼眶湿润了。父亲以为是他觉得自己的物品太寒酸，可是父亲哪里知道任正非内心的纠结啊！他走之后，家里的生活将更加艰难。

贫困的生活经历和英雄主义情怀让任正非懂得了奋斗的意义。他拼命学习，19岁时带着父母的重望考上了重庆建筑工程学院。这期间，他自学了电子计算机、数字技术、自动控制、逻辑、哲学以及三门外语。他始终记得离家读书时父亲对他的嘱咐："记住，知识就是力量，别人不学，你要学，不要随大流。"任正非深知这句话的分量，为了知识而奋斗成为当时他唯一要做的事。

正是早年极度贫困的生活体验让后来经商的任正非有极其强烈的危机感。居安思危的思想不仅仅适用于治理一个国家，同样适合管理一个企业。

鲜有媒体报道的任正非异常低调，很少接受媒体的正面采访，甚至连有利于华为品牌形象宣传的活动，他都几乎拒绝。他曾经说过，自己不见媒体是"有自知之明"，所以"耐得住寂寞，甘于平淡"。不仅如此，在华为内部，任正非也很"低调"——公司官网上，董事会里他只排在第五位；很多员工甚至认不出平时衣着打扮稀松平常，据说像一个老工人的任正非。

任正非说，这些年，华为一直坚持不上市，有一部分原因就是担心上市会造富一大批公司员工，让员工越来越怠惰，从而失去奋斗者的本质色彩、失去生存的斗志。他要做的，是在民族通信工业生死存亡的关头带领企业竭尽全力，在公平竞争中自下而上发展，绝不后退，绝不低头。

在强悍的光芒背后，华为人经历的坎坷与磨难只有他们自己知道。如何守住这来之不易的江山，捍卫华为的天下，是任正非无时无刻不在思考的事。

在他正确理念的指引下，华为的团队是优良的。在智利9级大地震中，华为的员工失联，找到后还去地震中心维护设备。在利比亚战争的撤侨行动中，任正非一声令下："不准撤，网络瘫了，死人更多。"2011年日本发生地震海啸，很多人开始撤走，但华为人情绪稳定，背着工具包，逆难民而走……华为员工凭着一股为"中国制造"四个字争光的精神，影响了成千上万年轻人的生活乃至改变了他们的命运。

华为文化反映了任正非雷厉风行的性格和军事化的作风，还有强烈的危机意识。

华为还以严明的纪律著称。有一次，华为在深圳体育馆召开一个 6000 人参加的大会，要求保持会场安静和整洁。历时 4 个小时，没有响一声呼机或手机。散会后，会场的地上没有留下一片垃圾。

华为的军事化管理还反映在其对于外界和传媒的刻意低调上。刻意的低调使华为的员工精神高度紧张，不敢向外界透露任何信息。

为了维护自身文化，华为还采用了"文化洗脑"的方式。华为招聘大学毕业生，他们要过的第一关就是"文化洗脑"。华为甚至这样教育新员工：为了市场销售额的增长所做的一切事情都是正常的。华为的这种文化与万科的人文主义形成了鲜明的对照。

对于"文化洗脑"，任正非的解释是，华为大部分员工受过高等教育，容易形成自己的思想和见解，如果认识不统一，就可能产生许多错误的导向，产生管理上的矛盾，所以他强调，既然文化可以灌输，个性就可以改造。在强力推行集体主义的同时，任正非以身作则，不设专车、与普通员工在食堂一同就餐，他与员工的关系如同战场上的官兵。

靠着这种独裁、封闭、强制统一的管理风格，华为赢得了创业期的辉煌，华为文化甚至还被推崇为中国企业文化的典范。而此一阶段的华为，在管理上并没有与国际接轨，其文化表现出强

创业，只要开始就不会结束

烈的中国本土文化色彩。

中国人的文化基因中就有一种"体统性"。这种"体统性"表现为可以为了同一个精神目标，所有的人放弃自我，归于大我的范畴里，忽略个人的体验，而追随集体的意识。任正非充分地利用了这一点，把华为的大军正规化、半军事化。在这个过程中，初期不适应的情况还是存在过，但是任正非给出的解释是：先硬化，再软化，后优化。短暂的适应期过后，伴随着《华为基本法》的推进，一支强大的队伍异军突起，南征北战，所向披靡。

在华为刚发展那几年，任正非曾大胆放言："10年之后，世界通信业三分天下，华为将占一分。"当时，业界老板们对这等大言不惭的放话颇为不屑，都等着看华为的笑话如今，这个诞生在一间破旧厂房里的"皮包公司"已经改写了中国乃至世界通信设备制造业的竞争格局，那些曾经冷笑华为和任正非的人变得敬让三分。资源是会枯竭的，唯有文化才会生生不息。任正非正以一个强者的姿态，书写商业界的生存法则。

## ◎ 不做昙花一现的英雄

英雄末路，白发斑斑。风光无限的江山社稷，终有被历史湮没的一刻。在历史的长河中漂荡的豪杰，最成功的地方就是逆历史的河流而上，雄关漫道，我自横刀向天笑。今日的中国，自然不必热血倾洒。证明自己的方式，是在时代风云的变换中，始终傲然独立。

华为这些年，在任正非的带领下，一次次创造奇迹，一次次超越自我。30 年的风雨历程证明了任正非的一个想法：不做昙花一现的英雄。

英雄，不是盲目的个人主义精神的肆意泛滥；英雄，不是能够独自拯救世界的强者；英雄，也不是高唱牺牲精神的领袖。英雄是能够做他人不能做，成他人不能成之事的智者。

从 1987 年创业以来，任正非的命运就和华为紧紧地捆绑在一起。那种近乎疯狂的拼搏，让属下汗颜，让同行敬畏，让世人钦佩。

在华为不断发展壮大的过程中，任正非有几次壮举刻骨铭心。

全员股份制在现在的商业模式下显得有些危险。因为，一个企业的发展通常是掌握在少数几位高层的手中，普通员工和企业命运的关系似乎并不是很清晰。铁打的营盘流水的兵，企业员工的流动性是非常大的。在信息爆炸的时代，谋生变得很简单，找工作也轻而易举，所以 80 后、90 后都不太想彻底把自己在一个公司拴牢。因为年轻的生命总是相信未知的世界更加美好。

任正非在华为渡过了创业期进入平稳的发展期之后不久，就选择了全员股份制这条道路。在选择之初自然有种种客观因素是考虑的范围，但是最根本的原因是，任正非清楚地认识到，一个国产的新兴通信行业要想有长远的发展，还有很长的一段路要走，而在未来的道路上，能够拥有一支强大的"队伍"至关重要。

血雨腥风的年代，让仁人志士团结在一起的是革命的理想；现代社会，商业战场，能让"将士"们义无反顾前行的就是"利益"，任正非从不回避这个敏感的问题。军人出身的他总是喜欢把想法放在桌面上谈，所以，从那一刻开始，华为不再属于任正非一个人，而是华为所有人。

任正非说："希腊大力神的母亲是大地，他只要一靠在大地上就力大无穷。我们的大地就是众人和制度。"

设计这个制度受了父母亲的影响。在任正非成长的家庭中，父母给了他无尽的爱。温暖的家庭构筑了爱的次第："亲亲、仁民与爱物"。

父母的不自私、节俭、忍耐与慈爱，给予任正非很大的影响，使他养成了与他人分享奋斗成果的习惯，让他团结和激励更多人为实现理想而奋斗。创业时，他自然要把这种氛围传承下去。他把华为员工当家人一样"亲亲"，对客户是周到至极"仁民"，然后才是"爱物"，这个爱的次第，在华为是很清晰的。

难能可贵的是，任正非不只是把这种体制和文化植入了创业期，而是坚持30年一直这样走过来。他一直保持空杯状态，一直深入华为一线去倾听好主意，一听到马上就汲取和落实。任正非就是一个超级蜜蜂，他到处飞，到处传播花粉。"因为我的性格像海绵一样，善于吸取他们的营养，总结他们的精华，而且大胆地开放输出。"他之所以能够看到"与众不同"，全因为他没有成见、权威、经验、理论、财富、权力等等这些"堆积物"压在身上。

在全员股份制推行以后，公司绝大部分的股权掌握在员工的手中，任正非所拥有的股权仅仅百分之一。这样的牺牲是为了让华为的命运和每一个华为人休戚相关，荣辱与共。当华为的员工奋斗在工作战线上时，心中想的不是为了公司，而是为了自己。个人利益与集体利益完美结合，那么，华为的未来就有希望了。和阿里、腾讯、京东商城这些互联网领域的赢家相比，华为更加稳固，更加脚踏实地，更加团结一心，更加众志成城。2000年左右，在华为工作近10年的老员工，年底的股权分红所得少则几十万，多则上百万。

现在的华为每年的利润在两百多亿，几乎都返回到员工的手中。

这是一种怎样的气魄和格局，才能做出这样的决策？当一个商人的眼中不再看重个人利益的时候，那么，这个商人就是成功的企业家。

除此之外，任正非还创立了华为的 CEO 轮值制度。世间万物都是一个整体兼部分。中国老话说，"一即整体，整体即一"。CEO 轮值制度，把这个原理诠释得很到位。八位高管，每半年轮换一次，让每一个人的想法都得到充分的体现，让每一位领导者都不断自我反省和成长。华为的探索和创新，的确给了中国商业模式一个很大的惊喜。

中国从来就不缺少自己的独特创造，任正非一直匍匐在大地上，走出了一条中国企业强盛的特色道路。

仁爱不等于泛爱。在华为的发展史上还有一次壮士扼腕的壮举。正是这一次的自我裁断、自我毁灭，才有了之后的重生和辉煌。1995 年，华为总裁任正非以一篇题为《目前形势与我们的任务》的万言报告，拉开了市场部"集体辞职"的序幕。所有市场部的正职干部都要向公司提交二份报告，一份是 1995 年的工作述职，另一份就是辞职报告。递交辞职报告的当天，任正非又专门做了动员讲话："为了明天，我们必须修正今天。你们的集体辞职，表现了大无畏的毫无自私自利之心的精神，你们将光照华为的历史！"在接下来进行的竞聘上岗答辩中，公司根据个人实际表现、发展潜力及公司发展需要进行选拔。包括市场部代总裁毛生江在内的 30% 的干部被调整下来。

华为这次运动的目的，是为了实现从创业期到发展期的新老接替，正如任正非所说："华为初期的发展，是靠企业家行为，抓住机会，奋力牵引，而进入发展阶段，就必须依靠规范的管理和懂得管理的人才。"

但选择什么样的变革模式，尽量减少对人们心理所造成的冲击，是解决问题的关键。集体辞职，让大家先全部"归零"，体现了起跑位置的均等，而竞聘上岗，则体现了竞争机会的均等，这种看似"激烈"的方式的背后，隐含着的是一种中国式的柔情与公平，它充分展现了任正非高超的领导艺术：在顺利实现人员更替的同时，最大限度地保留了落选员工的面子。集体辞职开了华为"干部能上能下"的先河，也被业内视为企业在转型时期顺利实现"新老接替"的经典案例。

此后的华为，每隔 4~5 年就有一次"运动"。华为的老员工说："任总是一个爱搞运动的人。"这一点可能和任正非的成长经历有着密不可分的关系。任正非十分清楚，一个企业要想取得长足的进步和持续的发展，就一定要有壮士扼腕的勇气和胆识。

改革的脚步并没有就此停止。2003 年，华为面临历史上最严重的发展停滞期，加上港湾网络等外部华为系企业所伸出的"橄榄枝"，内忧外患，军心严重不稳，为了防止核心人才的大规模流失，华为动用了几十亿元的未分配股权，再次给予80%以上的员工股票购买权，并将配股比例向核心层倾斜，其目的是通过3年的股权锁定期，稳定核心员工队伍，共同度过这段困难时期。这样大量而分散的股权安排，是在企业危机时刻所弈出的一步"险棋"，一旦未来3年经营出现问题，则可能面临"挤兑"的严峻风险，这又一次展示了企业家"背水一战"的勇气。

华为所付出的代价还是有些昂贵，将一件原本简单的事情复杂化处理，并选择超越制度规则的"慷慨"，这既是中国文化在华为的具体体现，也说明中国企业从"人治"走向"法制"的过程依然任重而道远。但企业变革，往往很难获得满堂的喝彩，与其过多考虑别人的评价，关注企业内部员工的感受，走好自己的发展之路却显得更加重要。毕竟，企业所做出的任何选择，都必须放置在企业现实的生存环境和发展阶段中去看，超乎常理的变革模式，恰恰反映出当下企业的一种无奈。

几次的铤而走险，任正非都取得了最后的胜利。还好，华为的员工没有弃"老者"于不顾，还好，华为的核心层没有与"老者"分庭抗礼。为什么会这样呢？是任正非的精神感染了华为，感染了每一位员工。大家相信"教父"任正非的决断，相信华为的明天。

英雄不会有悲情的落幕。古稀之年的华为"领袖"还在锐意进取，纵然在改革的道路上溺水而亡，也不愿意做昙花一现的英雄。这就是任正非的选择。

# ——·史玉柱·——

## "巨人"的复活

### ◎ 广告是看不见硝烟的战场

　　商场就是武林。在这个武林中，有号令整个江湖的武林盟主，也有躲在清静处看云卷云舒的世外高人，更有游走在密林深谷中的江湖野老。史玉柱一定就是商场中的江湖野老。

　　史玉柱是商业巨子，是一个时代青年人的创业领袖。他缔造了无数个传奇，但是却从来不走寻常路。

　　我们这个时代从来都不缺乏有胆识、有魄力、有头脑的企业家。我们都是幸运的。幸运在我们没有出生在蛮荒的原始部落，没有生长于闭塞的封建宗族，没有苟活在动荡不安的民国，我们一出生就是一个安稳的现世，没有战争、没有硝烟甚至没有饥饿和贫穷。中国绝大多数人都生活在社会温暖的保温箱里，所以我们是无比幸福的一代。

我们的时代不缺少竞争和角逐。经济的飞速发展带动了一些人的敏锐神经，所以，我们的周边出现了一些"异类"。他们会舍弃安逸舒适的生活，为了理想整日奔波劳累。在风云变幻的商场上对弈，在硝烟弥漫的竞争中杀伐决断。这些人中有一位最让世人惊叹。因为他缔造了"贫穷——富有——再贫穷——再富有"的传奇。

如果说褚时健曲线的人生里还夹杂了一些时代的况味，那么史玉柱波折的人生就全然是一个赌徒蜕变成赌神的过程，这完全是个人色彩浓重的最好体现。

史玉柱的成功源于自己的不甘心，史玉柱的失败也源于自己的不甘心。这个曾经放弃了清华大学和北京大学而执意要去念浙江大学数学系的天才，当时简单得就是想成为中国第二个陈景润，去求证 1+1。

当希望变成失望之后，阿甘的奔跑出现在这个大男孩的身上。从浙江大学到灵隐寺，这 18 里的路程，他整整跑了 4 年。只有奔跑才能排遣内心的郁闷。因为，理想的幻灭，成为陈景润那样的数学家是一个永远无法企及的高度。4 年之后的史玉柱站在了深圳大学的大门里，他成为了这里的研究生。命运的真正的起点和转折点都在这里。但是当时的史玉柱全然不知。只是跟随着固有的道路颓然地走下去，直到在安徽省统计局的办公桌前整日喝茶。

失败者的失败是不尽相同的，但成功者的成功都是相同的，那就是都拥有一颗不安分的心。只想着如何与众不同，而不想安稳度日，重复着别人的人生，把本该独一无二的个体生活成相同的复制品。

所以这个史家的孩子在街坊邻里的议论声中毅然辞去了政府的工作，带着4000元钱，独自踏上了南下的火车。当几乎贫穷到无处落脚的史玉柱站在深圳的街头时，他的内心并不惶恐，因为他知道要在这里大展拳脚。

史玉柱的成功多少带着孤胆英雄的悲情。20箱方便面，150天，黑白颠倒，这些是史玉柱创业的最初元素，之后就是巨人汉卡的面世。这是掀翻一个时代的创举，它的面世改变了一个时代的办公方式。巨人汉卡的成功是中国电子科技的一次自我革新。此后众多的科技公司的崛起都证明了这一点。

过程的艰辛自不必说，但是当融合了高科技的软件被开发出来的时候，销售变成了最大的难题，因为没有资金。

上个世纪90年代初期，在所有的人还不知道什么是互联网，马云还在发达的美利坚合众国游历。国内唯一能够推广新产品的渠道就是广告。广告——广而告之，史玉柱深谙此道。

如果说史玉柱是成功的企业家，那么，这个企业家最善于的是心理学，消费心理学。洞穿消费者的内心感受和价值期待是营销的关键。而史玉柱恰恰抓准了这一点，才能一次又一次地成功利用广告效应，进行营销。

中国人历来都有从众的心理。历朝历代的更替是如此频繁，大概每隔百年就会有一次社会的大动荡。那些农民起义的领袖就是很好地利用了老百姓的从众心理。所以在中国文化里，有"人云亦云""亦步亦趋"这些成语。当一个声音在反复传播时，必然迎来大众的关注，甚至是认可。

史玉柱就很好的利用了广告进行营销。除了第一次推出巨人汉卡之外，此后的几次营销都是先打广告，再生产产品。这就是史玉柱特立独行的地方。很少有人敢于"空手套白狼"，四两拨千斤的伎俩史玉柱屡试不爽。从脑黄金到脑白金、黄金搭档，再到后来的网游，史玉柱都在积极利用广告的效应，但却从不提前备货。

当史玉柱在社会上造出声势浩大的效果之后，销售商、商场就自然笑脸相迎地找上门来谈订单。

在同一时期奋斗的很多人，此时都在艰苦进行原始的开拓。他们有别于史玉柱的是踏实肯干，稳扎稳打，而史玉柱总显得有些乖张，有些离经叛道。

武林各派，都有自家的一招一式。武当派讲究以柔克刚，逍遥派以武功潇洒飘逸自居，而少林一派则从内到外散发着硬朗和

创业，只要开始就不会结束

阳刚。这些独门武功不能招招置敌于死地，但倘若狭路相逢，也必然令对方有所忌惮。在竞争不亚于武林的商海中，史玉柱之所以能够"自成一派"，自然也有他的一套独门绝招。

很多人都在疑惑，同样的年纪，学历比史玉柱高，经济实力比他雄厚的人比比皆是，为什么偏偏史玉柱成了中国商界的风云人物？究竟是什么样的武林秘籍装在这个绝世高手的脑子里？答案就是——广告。

地球绝对是宇宙中最奇妙的一个星球，在这个星球上产生了种种不可思议的事情，其中就包括广告。

在上个世纪的 90 年代，广告是最可恨的东西。8 点档的黄金时间，眼看电视剧的情节就要到关键处，此时进来的一定是插播一段广告，这让我们所有人的情绪都被强行带出。"今年过节不收礼，收礼只收脑白金"，这个曾经被评为中国最差广告之一的"罪魁祸首"就是史玉柱。这种近乎洗脑式的广告插播形式却收到了出人意料的效果。当所有人都目睹了脑白金广告的口碑，为脑白金的销量担忧的时候，脑白金却在全国 1800 多个城市和乡村大卖。当电视上出现了慈祥可爱的大爷、大妈的时候，脑白金已经悄然走俏在各大商场、药店和零售商那里。

遥想当年，巨人集团的第一款保健品——脑黄金和最卖座的一款——脑白金的广告，称得上是全中国最洗脑的广告。没有任何一个广告可以与之抗衡，可见传播的效果是毋庸置疑的。

表面上看，史玉柱的广告营销方式就如同轰炸机一样，大面积的投放弹药，不放过任何一个死角。如果仅靠这个就获得成功的话，那么史玉柱的运气也未免太好了，就本质而言，史玉柱的成功主要是在于商业策略和商业战术。表面看起来有点招人厌恶的广告语，还真值得我们仔细琢磨一下。

在广告的播出时间上来看，脑白金的广告并不是365天无休止的循环播放，而是在春节、中秋节这样具有重要意义的传统文化节日的前期发起攻势。之所以会选择这两个时间点，还是出于消费者心理的考量。中国人重亲情，讲孝道，爱面子，每逢佳节，走亲访友，馈赠佳品那是必不可少的礼数，而近些年，空巢老人这个新兴的社会现象逐渐被大众所关注，人们也多喜欢在这两个节日回家看望父母双亲，尽儿女的孝道，所以，在这个恰当的时间点上合理的切入，就成了营销的关键。

史玉柱不同于常人之处就在于他非常善于把握消费者的心理。史玉柱坦承，他"花70%的精力关注消费者，花20%的精力做好终端执行，花10%的精力用来管理经销商"。他认为品牌唯一的老师就是消费者，谁消费你的产品，你就去把谁研究透。

一个人成功一次是偶然，成功两次，三次就是必然。对于史玉柱，能够在保健品和网络游戏中取得旁人无法企及的成功，也绝非靠运气那么简单。唯一的解释，就是史玉柱拥有能够洞察人性的眼力。

广告是没有硝烟的战场。史玉柱在一次次绝杀中取胜。靠的绝非运气，而是锐意进取中的标新立异。看似是赌徒的精神，在每一次牌局中都敢于豪掷，棋胜险着的史玉柱总是人生赢家。

在信息爆炸的时代，只有围绕消费者，做到立体的整合营销传播，才能将企业的商业信息输送到消费者的心智中。"史氏广告"正是由于这样细致整合的手法，使得人们对他的广告"无处可逃"，印象深刻。

史玉柱的失败与成功都是必然。失败是因为曾经的自大，成功是因为勇往直前。我们喜欢史玉柱的惊世骇俗，我们喜欢史玉柱的闲云野鹤，我们喜欢史玉柱的特立独行。

## ◎ 赶走兔子，引入新狼

在中国的童话里，一直有一个广为流传的故事——龟兔赛跑。乌龟被我们誉为勤能补拙的典范，兔子被我们当作好逸恶劳的反面教材。在中国无数个家庭里，这个故事都被流传着。很多时候，企业就像是一个家庭，企业管理者就是家长，而龟兔赛跑的故事则一直警醒着开拓进取的企业家不能停下前进脚步。

早在 1989 年，初到深圳创业的史玉柱就十分关注当时的科技创新产业——华为。华为的创始人任正非的虎狼之师给史玉柱的震动很大。

但是，当时的史玉柱还只是一个穷小子，任正非已经在自己的地盘上圈地谋划蓝图，所以这样的企业管理模式，史玉柱只能顶礼膜拜，却无法企及。之后的史玉柱风光无限，赌徒的精神占据了他所有的神经，直到巨人集团的大厦"顷刻倒塌"，史玉柱方从激进的冒险主义回归到踏实稳健的创业道路上来。

在漫长的征战中，史玉柱进行了自我救赎。硝烟弥漫的广告场上强势运作脑白金，挣得了还债的钱。卖掉脑白金，开始开发网游。直到有一天，这个在商场上"兴风作浪"的怪才说要退休。人们才相信史玉柱这一次是真的要退隐江湖，不问世事了。

史玉柱宣布退休的那一刻，不知道多少人松了一口气。有人说史玉柱折腾够了，享福去了；有人说史玉柱只是炒作，不会真的金盆洗手。史玉柱的传奇人生不会因为离开人们的视线而褪色。这个天生的赌徒，在游戏人生之后，仍然低调地返回了他的赌场，进行一轮新的赌博。

2013 年 4 月 9 日，注定是不平凡的一天。这一天，在桂林芦笛岩景区，巨人网络的《仙侠世界》正式召开发布会。就是在这个发布会上，商界大佬史玉柱宣布辞去巨人 CEO 的职务。他还在当天的微博上洋洋洒洒地写下这样一段话："已公告我辞去巨人网络 CEO，至此我已不担任任何公司实职。终于彻底退休了，把舞台让给年轻人。告别江湖后，我的主营业务是玩，副业是搞些公益。江湖好汉们，忘掉'史玉柱'这厮吧。"

略带几分戏谑和挑战的话语间，我们看到的是一个相貌并不英俊，带着金丝眼镜，右手捎烟，面容冷峻，又带着一丝狡猾的形象，在电脑屏幕前看无数粉丝哭喊着他再次回归。史玉柱是个怪人，也是一个奇人。曾经的中国"首负"，在商海沉浮几十年之后想要归隐田园，这听起来多少有些传奇的色彩。

史玉柱真的能够不过问江湖中事吗？坐看云起时的他能够淡定于商场上的风云变幻吗？答案当然是否定的。对于一个"赌徒"和"疯子"来说，这一次的退隐是具有不确定性的。

能和史玉柱一较高下的人物是马云，这两个人被称为 21 世纪商业"怪胎"。马云年纪轻轻就打下一片江山，是连史玉柱也不敢小觑的风云人物。在马云和史玉柱华山论剑，一决高下的过程中，两位商业怪才深刻的讨论了"兔子"与"狼"的问题。

在一个企业的发展壮大过程中，会滋生"兔子"这一群体的存在，因为在进行了早期的艰苦创业之后，企业的老员工们凭借"股权"或是"业绩"已经成为生活安逸的一个人群。他们可能不必披星戴月地工作，到年终的时候依然钱包鼓鼓。这样的现象在一段时期的华为体现的比较明显。一个在华为工作 10 年的老员工，不需要多么卖命地干活、拉客户，在年底的股权分红时就可分走几十万甚至上百万的利润。所以，在许多知名的企业里，都有着许多生活无忧的"懒兔子"。

两位商界高手的过招，最后是以马云的完胜告终，一向特立独行，剑走偏锋的史玉柱这一次要革新了。

从史玉柱在 2016 年首次巨人网络员工大会的讲话中就能看出他决定施行"狼文化"的心路历程。

史玉柱跟马云探讨过几次兔子与坏人的问题，争论的焦点是：究竟兔子对公司危害大，还是恶劣的坏人对公司危害大？最终，史玉柱被马云说服了，兔子对公司危害更大。因为坏人有坏人的行为表现，周围的人能察觉，会警惕、提防他。大家有了提防，他造不成太大危害，或者造成的危害是一时、短暂、一次性的，危害不持久。为什么兔子对公司危害更大？兔子人缘好，讨大家喜欢，但它不出业绩；兔子最爱繁殖，比谁都爱繁殖，不停地繁殖，找同类，生出大量小白兔，形成兔子窝，霸占着岗位、资源和机会。如果一个公司大量核心岗位被兔子霸占，形成了"兔子窝"文化，就失去战斗力，失去市场机会。

所以，在这样一次针锋相对的激烈探讨中，史玉柱有了新的想法，并且，珠海一直在和史玉柱联系，希望他能够重回珠海，继续"巨人的传奇"。

当年的折戟沉沙，史玉柱还历历在目。"巨人大厦"成为了史玉柱内里永远的痛。当年"败走麦城"的史玉柱曾经感慨："那是我一生最错误的决策"所以，多年以来，绝地反击，功成名就的史玉柱一直不敢触碰珠海那片土地。

往事如烟尘，终将散尽。即将花甲之年的史玉柱也想在珠海重新证明自己，让人生没有遗憾。所以，2015年底，史玉柱强势回归，带领着"巨人网络"再次启程。

资本大佬史玉柱携巨人网络重返珠海，建设南方研发总部基地。这也是1997年巨人大厦危机爆发后，史玉柱首次重返昔日的伤心地珠海投资。

史玉柱回归巨人后要"赶走兔子引入新狼"。2016年4月15日，史玉柱在巨人上海松江总部召开2016年首次员工大会，宣布将在巨人施行狼文化。在讲话中，史玉柱讲述了狼文化对互联网公司生存发展的重要性，剖析了狼文化的四大要素，并自称将担当"头狼"，赶走对公司实质危害更大的"老白兔"，把高薪、股票分给"新狼"。

这也是史玉柱正式回归巨人所祭出的"第三板斧"。2015年下半年，退隐江湖多年的史玉柱选择在巨人回归A股上市时重出江湖，风风火火地推动了一系列改革与调整措施。其中"第一板斧"挥向公司架构，宣布免掉100多名干部，把公司六层管理层级削为三层，权力下放，把公司从子公司制变成更适应手游市场的工作室制；"第二板斧"是金斧子，宣布给全体研发一线人员加薪，平均幅度超过50%，并承诺确保做出精品大作的制作人身家过亿。

这样大刀阔斧的改革，基于史玉柱的"兔子与狼"的理论。高速发展的公司一定有危机感。比尔·盖茨说过，"微软离破产永远只有 18 个月"。三星也有类似的危机企业文化。但兔子没有危机意识，每天都乐呵呵，兔子生活在草丛里，很可爱、很欢乐。能活得久的企业都有危机意识，没有危机意识的企业活不久；安全感要不得，只有活在危机意识之中才能真正拥有安全感。

企业家中的企业家有很多，但是史玉柱的成功是很难被他人复制的，因为成功的精神内核是敢于突破，敢于实践。真正的成功者一定是具有大格局和大气魄，并且具有超强执行力的人。史玉柱就是这样的人！

## ◎ 消费者才是创业导师

每一个人的人生都会经历几次起落沉浮，这就是人生。

在史玉柱的人生中，几次沉入海底都是因为他有一颗不甘寂寞的心，而他的几次绝地反击都是因为他是一个善于读心的人。史玉柱能够读懂每一位消费者的心，能够参透每一个人的消费心理。在第一时间抓住最敏感的神经，让消费者在第一时间被俘虏。

很多时候，企业家、商人，这些听起来十分高深莫测的名词，好像很神秘，但是做起来却很简单。因为无论是经营一家企业的CEO，还是一家小小店铺的管理者，都是需要把自己的产品卖出去。这一买一卖间，就是最简单的营销学，也是让很多人望尘莫及的一个专题。很多人，穷其一生也很难参透各种真谛，其实，道理就是很简单的：要抓住消费者的心。

这一切的证明都发生在江南的一个小城——江阴。

1998年3月，江阴的街头巷尾经常有大爷大妈这样议论。

"你听说过没有，最近咱们城市来了个怪人！"

"是吗？是不是那个戴眼镜，还挨家挨户到处跑，一直问什么药的？"

这个戴着墨镜，走在大街上，时不时地会拉上了年纪的人一阵攀谈的人，就是史玉柱。这位世外高手之所以重出江湖，是因为肩负了一项特殊使命，甚至可以说是一项决定生死的神圣使命。因为在此之前，史玉柱成为了中国"首负"。

史玉柱曾说过，我一定不会欠老百姓的钱。当年在南方，房地产行业方兴未艾。当拿到巨人大厦这块儿地皮之后，史玉柱就像拿到了一根儿千年人参一样，无论怎么"入药"，都觉得不能发挥它十足的功效。所以，索性自己盖起了楼，自己做自己的开发商。但是，当时巨人集团的账面上仅有1亿资金，可供调动。这是一次危险的游戏，事后证明贪大求多的史玉柱败在了巨人的脚下。

在短暂的迷茫之后，史玉柱在巨人集团倒闭之后，和他的朋友奔赴了西藏。在经历了生死考验之后，从珠穆朗玛峰回来的史玉柱，又重新开始了谋划，这一次的目的地是江阴。

史玉柱此行最为主要的目的只有一个，那就是做市场调查。具体来说，就是在走街串巷的时候调查脑白金这种保健产品的社会需求和大众认知度。

理工科出身的史玉柱特别相信数据。他认为这是能够说明一切真理的唯一标准。在地毯式的市场调查中，史玉柱拿到了一手数据。这让他信心备增。最后的结果也证明，只有做了广泛的具有针对性的市场调查才能更好地将产品推销出去。但是最开始的时候，史玉柱选择江阴这样的小城市引来了很多质疑。

在当时的中国，保健品还是一种奢侈的高端消费品。很多人都认为应该在北京、上海、广州这些大城市进行推销。因为无论从消费层次和人们的认知程度来说，一线城市都应该是最好的选择。毕竟能够买得起、愿意买保健品的人在当时的中国不多。

可是，对于史玉柱来说，选择江阴却有他自己的道理。华东市场作为中国历来的大市场，总是具有辐射长江三角洲乃至整个中国的作用。江浙地区相对于全国其他地区较富庶，很多民营企业已经在这边得到了很好的发展。而且，最重要的是，南方人重视养生的传统使他们更容易接受保健品的概念，因此，这场调研，将会极大地促进脑白金市场的开拓。

这次江阴之行对史玉柱来说是一个重要的分水岭。他此后在各种场合一再提到有关江阴调查的情况，是因为这对于他来说，是一个新的起点，为巨人的东山再起奠定了基础。

史玉柱在江阴的大街小巷穿行，见到人就问："如果现在有一种药，价格不贵，吃了以后会改善睡眠，增强免疫力，舒筋活血，润肠通便。你会买吗？"这样的一个戴着墨镜、拎着手提箱突然出现的人，再加上这样的问题，很容易让人怀疑是不怀好意。但是还好，江阴的百姓是淳朴热情的，所以在进行了大量的市场调查之后，史玉柱的心里敞亮多了。在那个时候，史玉柱随身携带的手提箱就是他全部的资产，也是他移动的办公室。一次，回到路边的小旅馆后，史玉柱发现自己的手提箱不见了。这可把史玉柱急坏了，幸好有好心的出租车司机按照手提箱里文件中的信息找到了史玉柱。艰苦的奋斗，背负着巨额的债务，但是这些都没有压垮这个倔强的男人，反而使他更加坚强。

每一次的突出重围，消费者都是史玉柱最关心的问题，因为这才是一个产品的生命线，这才是一家企业长久发展的根基。

史玉柱的独门绝技就是：花 70% 的精力关注消费者，投入20% 的精力做好终端执行，花 10% 的精力用来管理经销商。这就是著名的"721 法则"。史玉柱懂得趋利避害，运用他聪慧的头脑，来弥补并不"强壮"的身材。把消费者研究透彻了，史玉柱就可以轻松地干事业了。

史玉柱早就说过："中国的市场是金字塔型，越往下市场越大。"北京、上海、广州这类一线城市的人口总数只占全国人口总数的 3% 到 4%。远不如省会城市和地区性中心城市的人口总数多，所以，史玉柱一直瞄准金字塔的最低端，给他的产品开发最大的市场。这就是"塔基法则"。

市场总是变幻莫测的。只有能够准确预想到各种可能发生和即将发生的情况，才能保证在暴雨来临之时，为自己和比自己更重要的事业找到一个避风港，否则，他便要抱着脑白金被"倾盆大雨"侵袭。正是想到此，江阴这个小地方才进入了史玉柱的"包围圈"。

在脑白金正式推向全国市场之前，史玉柱带领着他的团队，在江阴和常州这两个江南小城进行了长达一年之久的试销。这也就是著名的"测试法则"，这一法则为史玉柱在全国范围内推广脑白金奠定了基础，也使他在成功初始遭遇强大的竞争对手。

考虑消费者的需求是营销的出发点，而广告却是联系消费者和产品的红娘，所以，是否有一位灵巧的红娘就显得很重要。

可以说，在史玉柱追求成功的道路上，广告一直被他奉为上上宾。不得不说，史玉柱能够有辉煌的今天，广告可是帮助了很大的忙。若非如此，他也不会每年将上亿资金砸向广告界。如果没有"今年过节不收礼，收礼只收脑白金"，又有几个人能记住脑白金呢？只能说，如果史玉柱不绞尽脑汁地在广告界谋得一席之地，他现在也不会取得如此辉煌的成绩。

在史玉柱的观念里，他的产品"横空出世"时必须"一鸣惊人"，像一个个炸弹，炸进消费者的心中。在他的脑海里会浮现出这样一幅画面：空中的战斗机疯狂攻打陆地巡洋舰，血肉模糊。虽然画面血腥，但对于搏杀在商场上的将士来说，事实可能更加残酷。

所以，在这场战役中，谁赢得了消费者，谁就是战争最后的胜利者。在史玉柱的经商之道上有很多惊人的法则，而这些独门绝技很多时候是不能够被其他所有人认可的。可是就是这样特立独行的史玉柱在市场中一次又一次取得成功。

有人说，史玉柱就是一个走在追求成功路上的苦行僧，有人说，他命好，因为他是少有的能够在企业破产后又迎来事业"第二春"的传奇人物。可是又有几个人能像他那么倒霉，巨人集团的"三大战役"接连以失败告终，好不容易以脑白金重振雄风，却又被社会舆论打到谷底。

巨人的失败也曾让史玉柱垂头丧气过，因为巨人承载着他整个青春岁月的梦想。到最后，他无能为力，只能看着自己和团队一砖一瓦盖起来的"希望"坍塌。一位校友在给他的信中这样写道："你不能倒下，否则你会伤害一代人的感情。"在人生的最低谷，史玉柱除了得到预料之中的谩骂、嘲讽和指责，还得到了那

Chapter 1  大器晚成：创业永远没有太晚的开始

些来自年轻人的追随和支持。他说："我觉得这话说得非常重，我感触很深，自己压力很大，好像我不站起来，不光是我一个人的事，还要伤害别人的感情，而且收到的很多信里面都夹着钱。少的几块钱，多的两三百块。当然，我不至于穷到这个程度，但是这反映了大家都希望我能再站起来的迫切希望。"

白手起家一直是很多人的梦想，但是真正实现的人却凤毛麟角。史玉柱的人生中，有过两次白手起家的传奇经历，这不得不让人钦佩，更加让人反思。成功需要有非凡的胆识和魄力。

他的成功，不仅仅是自我价值的实现，更是实现这些年轻人梦想的延续。这些期待的眼神让他不能有一丝的松懈。那些为他"抛头颅，洒热血"的"忠臣"，是他一直前进下去的动力，从巨人到脑白金，再到《征途》，这些不离不弃的追随者是史玉柱人生中收获的最大一笔财富。人生到了一定的境界，看重的除了金钱地位名誉之外，还应该有信仰。

史玉柱重新回到奋斗的起点，再次点亮巨人大厦的灯。这一次，少了一些当年的凌厉与鲁莽，多了一些沉稳和老辣。

# 成功逆袭

## 勇敢一次，人生会是另外的样子

Chapter 2

# —— 董明珠 ——

## 让世界爱上中国造

### ◎ 有故事的董小姐

"董小姐，你熄灭了烟，说起从前，你说前半生就这样吧……"在宋冬野的吉他下，董小姐是有故事的女同学，是注定要驰骋在广袤草原上的野马。

可另一位明珠般的董小姐，她的故事却要从36岁说起。在36岁以前的岁月里，她拥有的是顺遂而平凡的前半生。

小火熬煮的粥，味道更浓；岁月累积的成功，根基更稳。如同自然界一样，成长是一个自然的过程。很多事情需要孕育和生长，不是一下子就可以成功。

36岁，对于当今的年轻人来说，大多在职场已经打拼了10

年。10 年之中，或许有人已经稳步爬上中层，或许有人积累了经验跳槽到更好的平台，或许有人抓到了创业的机会。

媒体时时刻刻都在翻新着财富的新闻。动辄上亿的市场估值，千万级风险投资，故事的主角越来越年轻，都是初出茅庐的新鲜面孔。每天被"人生赢家"的故事轰炸着，很多人心里不禁感叹，命运不济，这辈子输了，世界仿佛抛弃了自己。

1990 年，刚好 36 岁的董明珠没有这样想，她做出了一个艰难的决定：将儿子托付给母亲抚养，自己一个人南下闯荡。在那一刻，董小姐的故事，拉开了序幕。

在此之前，董明珠的人生很寻常。

1954 年，在江苏南京的一个普通家庭里，她出生了，上面有 6 个兄弟姐妹。天真的童年、辛苦的求学，她的生活没有什么特别，并非大富大贵，但也顺利平安。只是与后来的铁腕性情不同，小时候的董明珠极其随和，口头禅是"好啊""可以""没问题"等等。与很多女同学一样，她学习努力刻苦，但不是最拔尖，她最终考上了安徽省芜湖干部教育学院，毕业后回到南京，在一家化工研究所做行政工作。

这一个幸福平淡的女人，她结婚生子，过着悠闲的时光。

直到 30 岁那年，命运和她开了一个玩笑，丈夫因病去世。当时，他们的儿子，只有两岁。

按照"人生输家"的观点，一个 30 岁丧夫的女人，独自抚养两岁的儿子，这辈子，恐怕没什么指望了。

生活的艰难，无时无刻不在啃噬着董明珠的心。很多年以后，功成名就的她接受采访，坦诚那段时光她的无助与艰难，也承认这辈子最大的转折点，就是丈夫的去世。

6年后，儿子8岁，她做出了那个重要决定，不为其他，只为翻身做自己命运的主人。

36岁的董明珠只身一人来到珠海，进入格力公司。那时的格力还叫海利，是一家投产不久的国营空调厂，年产能约2万台。规模不大，牌子也叫得不响，没有核心技术，仅做空调的组装，年销售额只有2000到3000万元，有20多个业务员。这就意味着，每个业务员要完成每年约100万的销售任务。

因为门槛低，董明珠的第一个职位是销售人员，如果能赶上个好运气，完成年度销售100万的任务能有2万元的提成，而这2万元里包含了工资、绩效、差旅费、请客送礼的所有费用。先且不说这2万元的年收入对于一个单亲妈妈的日常开销而言，已经是非常吃紧了，何况，要全额领到这2万元的提成实在是很不容易。

上世纪90年代初，空调并非热销的家用电器，甚至称得上是高档次的奢侈品，只有像机关单位、工矿企业、医疗卫生机构等社会集团单位使用，连金融保险、邮电气象这些部门都很少购买空调。所以，不难想象，对于当时的寻常百姓而言，空调是可望而不可即的。

再难也得铆足劲儿往前冲啊！

因为工作经验不足，董明珠被安排跟着一位老业务员跑业务，负责北京和东北市场。这位单身母亲第一次出差，就是独自乘火车到天津与老业务员会和。当时正是酷暑，车厢里像是巨大的桑拿房，她的汗水不断地流，因为觉得一个女士在车厢里吃东西不雅观，所以她坚持一天没吃东西。

下了车，她便觉得头重脚轻。老业务员见她脸色苍白，猜她是中了暑，连忙建议先到旅馆休息。到了旅馆前台，还没等手续完结，董明珠便觉得天旋地转，眼前发黑，扑通一声晕倒在地。

醒来后她觉得精神依旧不好，于是昏昏沉沉睡了过去，直到第二天早晨才清醒。身体摔到的部位还在火辣辣地疼，她下床试着走了几步，更加疼痛。

老业务员建议，要不就留下多休息几天吧，好了再去与他们会合。但是董明珠却不同意，她很懊恼，第一次出差就把自己搞得如此狼狈，而此时就放弃，是她无论如何也不接受的。

于是，这个倔强的女人一瘸一拐地跟着老业务员来到了北京。在大制冷展示厅，董明珠一边听老业务员与经理的谈话，一边默记、分析、学习。在当时的卖方市场环境下，能够与经理沟通良好，多签出一些产品，几乎就达成了销售的目的。

作为一个新人，她听着老业务员的对话，把推销技巧默默纳入自己的头脑。

随后他们来到沈阳，老业务员见董明珠身体不见好，坚持将她带去医院检查。拍了片子，所有人大吃一惊，竟然是骨裂。此时正是推销空调的旺季，董明珠不愿放弃这个机会，即便当时一弯腰就疼得厉害。但是她还是坚持一边养伤一边战斗。

忍着伤痛，董明珠蹒跚前行。一个初涉商海者在完全陌生的领域里，好奇、胆怯，还有极强的求生欲望。她清楚地知道，要为自己和孩子提供有保障的生活，就必须毫不回头地一往直前了。

刚起步的海利和许多广东家电企业一样，允许代销产品，于是董明珠就一家家跑百货商场，跑专门经销家电的商店，和营业员空调、找经理磨嘴皮子。

经过半年时间，董明珠硬是把自己"跑"成一名优秀的销售人员，完成了300万的销售业绩，对产品和市场的把握都很完善。原本对空调一窍不通的她到了这时已经熟悉了安装空调的房间面积、所处位置、窗口大小、应如何配置多大功率、什么型号的空调，还有使用和维护方面的有关知识。当然，更重要的是，在这些业务知识以外，她也懂得了要怎样对付不同区域、不同性格、不同品行的经销商，开始对营销有了一个初步的市场概念。

已经可以独当一面的董明珠突然临危受命，被调往安徽市场。初到合肥的第一项任务，就是找经销商追债，要回42万元的货款。

在当时的市场环境下，企业间三角债的问题比较常见，没有什么好的解决办法。也正是在这件事情上，董明珠的强势性格浮出水面。

要回 42 万货款，她用了 40 天。

开始时，董明珠还想着动之以情，晓之以理，于是锲而不舍天天去找那位经销商。但每次经销商都是爱理不理，白白耗尽一天时间，只能空手回到旅馆。

再后来，经销商干脆避而不见，这回董明珠的火气被激起来了。她狮子座的战斗精神被激发，躲就躲，大不了天天去"堵"，最终把那家伙堵在办公室里，并威胁他："你要么还钱，要么退货。否则从现在开始，你走到哪里我跟到哪里！"

在当时的营销市场上有一个"怪圈"，就是一些企业急于要推出自己的新产品，往往采取给予商家"先发货、后付款"的优惠待遇，这就给那些投机者提供了可乘之机，所以对于当时的产品推销员而言，能否追到债就成了衡量业绩的重要指标。

几次三番，欠款的经销商终于抵不住董明珠的"围追堵截"，只好老老实实地把货款补上。追回了货款后，董明珠忍下了这些天来受的委屈，因为经过这一战，她知道自己一定会成为一名优秀的销售者。

都说在商业体系中，销售人员是最不好当的一个岗位。磨破嘴皮、厚着脸皮、跑破脚皮，销售人员的三项"法宝"人尽皆知。可真正能做到的能有多少？人人想着飞黄腾达，但是不历经艰辛，谈何成功？

小人物有小人物的惆怅，但是能在底层耐得了苦与泪，千帆过后收获的将是满满的成就感，是自力更生的硬气。所谓的"成长"就是独自一人，咬着牙、忍着痛，担下自己肩负的责任。

40天"死皮赖脸"的追债日子里，董明珠看尽了世态炎凉，看透了市场规制背后的人心。在这段她自认为是加入营销行列以来最艰难的40天里，她有了前所未有的成就感，也暗暗下定了决心，要改变市场的"潜规则"，坚持"先付款后发货"的策略。

不过，在其他人眼里，董明珠"先付款后发货"的坚持简直就是"异想天开"，且不说那时的格力还是名不见经传的"海利"，就说当时知名度很高的华宝、春兰等国产品牌的佼佼者都以经销商迎合者、迁就者的姿态出现。

可是，董明珠的字典里哪里有"不可能"三个字啊。虽然起步晚，但她就是有着那么一股子韧劲，甚至可以说是偏执。一个36岁的职场新人，她所能用的只能是最笨的办法，她一家家地跑，不厌其烦地向这些高高在上的经销商们提出"先款后货"的条件，然后在所有人的耻笑和白眼中又走进下一家的门。

在一次次碰钉子之后，安徽淮南一家电器商店的女经理终于被董明珠的真诚所打动，开出了 20 万元的支票。天知道这张支票来得多少不容易！满怀感恩的董明珠给经销商发货后并没有袖手旁观，她与商场经理分析市场，怎样根据市场的现状把海利的产品卖出去。

果然，口碑是最好的宣传媒介。在那个炎热的夏天里，安徽淮南的这家电器商店里，董明珠千辛万苦签下的 20 万海利空调销售一空，随之而来的是越来越多的经销商和数额越来越大的订单。

董小姐的故事渐入佳境。人生给她措手不及的苦难，在此时她终于渐渐掌控了命运。对于她而言，成功没有什么捷径，只是咬着牙一步一步地向前走。

在董明珠的带领下，格力打开了淮南市场，1992 年的销售额达 240 万，这是安徽所有城市中业绩最好的。

有时候，人生就像是多米诺骨牌，当你攻克下一个难度制高点后，余下的困境便可能随之而散。淮南一战打得实在漂亮，不仅在安徽打开了一个营销缺口，更是坚定了董明珠走"先付款后发货"这条营销道路的信心。此时此刻，她当然要乘胜追击，又拿下了芜湖、铜陵的市场。

在芜湖，她在规模最大的国有商场里卖出了 100 多万的产品；在铜陵，她打入供电局内部，不仅签下了政府部门的大单，还自告奋勇地为他们建立一支专业的空调安装维修队。在安徽，她是名副其实的胜利者，一年销售额突破 1600 万元，她一个人的销售量，竟然占了整个公司的 1/8。在公司总部所在的珠海，董明珠不仅是有故事的董小姐，更是成了一个传奇。

## ◎ 人生大逆转

半路出家，如何能打个翻身胜仗？

大抵唯有"坚持"二字是普世真理。

在董明珠的事业轨迹里，绝对看不到放弃，有的只是迎难而上的劲头。有人说她是"钢铁侠"，说一不二，决定了就是对的；有人说她是"铁娘子"，没有自己的生活，没有自己的爱好，一心只扑在工作上。

其实，她也是血肉之躯，在日渐讲求男女平等的商业战场上，她所付出的艰辛和所承受的非议是常人无法想象的。36 岁之后的董明珠，用自己的坚韧和执着走出了一条别人艳羡的成功之路。如果不是笃定的信念，何以实现人生大逆转？

董明珠的人生大逆转就在她进入格力空调的第 4 年，她从区域的销售业务员调回格力公司的总部担任部长。这个"部长"，名头叫得响亮，实际上却是个赶回来江湖救急的灭火队员，因为当时格力正面临着一个灾难性的事件。

彼时的董明珠已经不是初涉商场的黄毛丫头了。1991年，她跟着老师傅学艺，两人跑了300万的业务量，占当时公司年销售总额的1/8；1992年，她独当一面，自己一个人跑了800万，仍占公司年销售总额的1/8；1993年，格力空调产量翻两番，销售额达3个亿，董明珠个人实现了近5000万的销售额。

而了1994年，格力销售额达8亿，进入中国首届国产名牌空调综合实力20强，名列中国首届十大国产名牌，可是，表面一派花团锦簇的背后却酝酿着史无前例的危机——"集体辞职"事件。时任格力总经理的朱江洪让正在开拓南京市场的董明珠回到总部。

事情的起因在于从公司长远发展考虑，朱江洪决定缩减销售人员的提成。可是身处业务一线的销售人员则认为，1994年形势一片大好，连仓库的存货都一扫而空，自认为格力空调的良好走势是拜业务员个人能力所赐，因此无限膨胀的业务员抱团出走，主管销售的副总和营销人员集体跳槽到竞争对手那里。

同样身为业务员的董明珠却清楚地看到，空调市场的繁荣是天气、环境等多方面因素造成的。面对竞争对手向她开出的比格力电器提成高出10倍的薪资，董明珠还是依然坚守阵地，甚至劝说准备跳槽的业务员重新考虑。因为她深知，业务团队的出走对一个上升期企业的打击是致命的。

公司内部人心惶惶，董明珠在内部民主选举中，她的得票数占绝大多数，在这几年对工作的各项考评中，她的得分最高，因为顺利升任格力电器经营部长。

在格力公司的员工眼里，董明珠这个经营部长是实至名归。且不说她业绩突出，年年都是销售状元，就是在"集体辞职"事件中，她也是坚定地站在公司的立场上，这足以说明她对格力的忠诚度，而且，董明珠在江淮地区开辟市场的奇闻异事已被当成传奇在公司内部传遍了，无形中成就了良好的口碑。作为一个年近40的女性，她的敬业精神是很多男同事都所无法企及的。

若是在以前，她是不愿意担任这个岗位的，因为纯粹计算经济价值的话，作为"金牌销售女王"的董明珠每年销售提成高达几百万，而当部长只领固定工资，也就几万元，还费力不讨好，难免得罪人。不过，时至今日，董明珠却也坦然接受这份重任，因为"集体辞职"事件的导火索，她直面令人诟病的国有企业的旧体制。面对这个"顽疾"，她想到的不是简单逃避，而是留下来重建。

说来也巧，原本是同一战壕的一拨人，大伙儿在各自的领域里披荆斩棘，可是到头来，绝大部分的战友因为眼前利益的得与失，便集体出走，另觅"高枝"。董明珠却看得更加透彻，宁愿舍弃高薪，也要做开疆辟土的第一人。如今，还有谁记得那些曾经与她并肩作战的"金牌销售员"们？而她，依旧是威风凛凛的董明珠。

在经营部长的岗位上，董明珠开始了具有格力特色的营销体系创新，包括改革回款制度，经销商必须先打款才能提货；全面导入营销依靠大户模式，改变过去靠销售员包打天下的局面；首创"年终返利"的营销政策……

当然，再强大的野心和再雷厉风行的执行也需要上级领导的支持。在分秒必争、锱铢必较的商场，实力是最有效的武器。即便是像格力电器这样的国有企业，能为公司获取最大利益的才是好员工。

谁说女领导只有百炼钢化为绕指柔一个套路？职场如战场，竞争是不可避免的，把女性固有的谦逊与温婉放置于这个如狼似虎的大环境是徒劳的。回到公司本部时，董明珠已经向朱江洪摊牌，声称自己回来当部长不是为了权力而回来的，是为了回来做好一件事，只要不为个人谋利，她希望自己做的任何一个决定都能得到朱江洪的支持。在董明珠眼里，勇于向上级提出要求更是一种自我表现的能力。

由于之前一直依靠人海战术搞销售，格力公司的大量业务人员穿梭于厂家和商家之间，虽然起到润滑剂的作用，但事实上存在很大的空间。业务人员的个人素质和经验判断对企业也存在经营风险，从而使销售管理难度增加，而且销售人员的提成费用很高。

在一线摸爬滚打多年的经验，让董明珠十分清楚业务人员所起的作用，还有这其中很多说不清道不明的利害关系。所以，她的第一步棋就是从"整人"开始。

所谓的"整人"就是精简业务员队伍。如此一来，格力仅保留了23名业务员，每人负责一个省，只需要协调，不负责发展经销商网络。这就意味着彻底改变过去业务员可以用发货作为交换条件，从而向经销商谋取私利的处境。考核的标准也不再是销售额度，而是看与经销商沟通、市场调研、价格监督的工作量，省下来的业务员费用全部贴补经销商。

与此同时，董明珠更是放话，凡是格力公司的营销业务员都不许拿回扣，如被发现，无论金额大小，一律开除。原本以为这只是吓唬人的一席空话，可董明珠绝的是，她让人设计了调查表格，要求每个业务人员认真填写什么时间、到了什么地方、见了什么人、做了什么事情、谁能证明。她还亲自随机随时抽查、询问。

为了杜绝损公肥私的行为，加速完善销售管理体系，董明珠找到朱江洪，要求把公司全部的对外财务都归她管。朱江洪原本当场表示同意，后来经财务负责人提醒，便问她："那谁来监督你呢？"

"谁都可以监督，随时来查账都可以！"董明珠霸气地说出了这句话。

　　胆识过人的董明珠就这样实现了从基层业务员到总部管理层的华丽转身，她执掌经营部的这一年，格力销售额达28亿元，从业内第八位跃升至第二位，董明珠被提拔为销售公司总经理一职，接管公司整体的售后和广告业务。此后，她和朱江洪成为了纵横商场的"黄金搭档"。

　　说是"黄金搭档"，一点都不为过。技术出身的朱江洪身上有典型传统知识分子的烙印，他的办事准则是只要做好格力电器，就是对领导工作的最大支持，什么请客吃饭、礼尚往来，在他眼里都是"虚把式"，而董明珠则不同，她善于交际，勇于冲锋陷阵，互补的两人都是格力这家国有控股企业的经营者，并非老板。格力专注空调技术革新得益于朱江洪对事业的专注精神，他多次打破美日企业对核心技术的垄断，10多年来，仅他个人就拥有160多项专利技术。这也是董明珠上阵杀敌的坚强后盾，如果没有质量过硬的产品，再花哨的营销模式也是空谈。

　　正是因为朱江洪和董明珠相互理解的处世哲学以及共同的责任感，在国内几百家空调企业昙花一现的同时，缺乏体制优势的格力电器却顽强地成为了世界第一。

## ◎ "她走过的地方不长草"

从一开始靠着双腿跑遍市场的业务员，到谋划企业蓝图、为成千上万员工"饭碗"负责的管理者，董明珠早已不是那个只有故事的"董小姐"了。如今的她，年岁渐长，浑身散发着魄力和霸气。

当初，董明珠还是业务员的时候，人缘极佳。几乎所有人都说董姐最好说话了，所以，当她被召回经营部时，大家都很高兴。谁能料想，原本干劲十足的董姐上任部长之后，把火烧得更旺了——抓内勤、查账，一样都不少，甚至有人戏称，"她走过的地方不长草"。

不长草就不长草吧！

董明珠本来就不怕得罪人，她很清楚当你得罪某些既得利益者，维护了大多数人的利益时，肯定有人会骂你的。问题的关键是，当你手握权力时，你敢不敢面对自己、挑战自己？

董明珠给出的答案是肯定的。她与经销商斗，与公司里的"皇亲国戚"斗，与高层领导斗，与所有她认为的陈规陋习斗，其乐无穷！

创业，只要开始就不会结束

　　刚掌管格力公司经营部的时候，董明珠觉得最棘手的问题就是部里"关系户"太多。在她之前，前任经营部长眼观六路耳听八方，试图浑水摸鱼，结果总是管理不好，人员积极性不高，还总出岔子。"眼里容不得半点沙子"的董明珠觉得是时候立立规矩了。此时，正好有个平时吊儿郎当的"关系户"撞到她的枪口上，工作中出现了 500 多万货账不符的残局。于是，董明珠立即决定对他罚款并扣一级工资，而且进行全公司通报批评，连上级领导出面协调都不予理会。如此一来，公司上上下下可都是看明白了，知道这董明珠可不是好糊弄的。

　　在日常管理上，董明珠的雷厉风行一以贯之。在格力公司里，迟到早退、喝茶闲聊等现象一概被禁止。她甚至还一度规定女员工最好都剪短头发，留长发的要盘起来，不许佩戴首饰。她还明文规定，"上班的时间不许吃东西，一经发现，第一次罚 50，第二次罚 100，第三次走人"。有一次，一个员工带了一些零食，看下班时间差不多了，就拿出来给大家吃，结果被董明珠发现了，按照规定对在场所有人罚款。不过，当天晚上，董明珠找到那个带零食的员工，帮他交上了罚款，因为她知道这位员工家里十分困难，从此以后，董明珠手下的人做事十分规范，不敢造次。

　　随后，董明珠接棒朱江洪，成为格力集团的掌门人。所向披靡的"朱董配"时代已经完结了，如此平稳接棒似乎是应有之意。有人形容道："这就像两个人坐在同一辆车里，突然有一个人要下车，没有换挡。"朱江洪的告老还乡，成就了格力集团权力高度集中的"董明珠时代"。

在这个以男人为主导的商场上，董明珠依旧是名副其实的"霸道总裁"。有人说："董明珠走过的路，连草都不长。"在她的世界里，"如果你走过的路都长满了杂草，还有什么希望？"

在很多人的印象中，董明珠的形象已经符号化了，无论是"铁娘子"还是"钢铁侠"，她都与自己早年那个羞涩的女孩模样渐行渐远了。尤其是在商海搏击的这 20 多年来，她似乎成了女创业者的榜样。

事实上，不愿与外人谈论自己家庭的董明珠，却很愿意谈及自己的儿子，还把儿子的合影设为手机壁纸。她和任何一个普通母亲一样，提起自己的孩子，也是笑颜盈盈。

言传胜于身教。尽管陪伴儿子的时间很有限，但是董明珠的儿子还是像他母亲期许的那样，成为了自力更生的年轻人，没有想过要利用母亲的名声为自己谋利。

也许，最好的母爱是给孩子一个自由发展的空间，除了在他迷茫的时候挺身而出，提供可能的解决方案，这样才能养成真正的独立人格。

母亲的柔情、女人的天性，在董明珠的身上是有迹可循的。她也爱美，喜欢听别人的夸赞。在极少的空闲时间里，董明珠也爱逛街，特别是淘打折的品牌服饰。在办公室的桌面上，她放了很多相框，里面都是常常更新的个人靓照。不过，她的强势已经得罪了不少人，他们也奈何不了这位纵横商界的铁娘子，只能在口头上讨讨便宜。曾经有人当着董明珠的面说她是最丑的女人。

董明珠也不恼，坦言在兄弟姐妹中，自己确实是最丑的，但是在外面看来，自己却是活得最漂亮的。其实，在千千万万的经销商、企业员工看来，董明珠所创造的价值又岂能用颜值高低来衡量？

失败者总是相似的，成功者却各有不同，尤其是像董明珠这样标新立异的女创业者，所走的每一小步都是混杂着笑与泪、褒与贬。

当一个早已周旋于家庭、拖家带口的女人，试图从瓶瓶罐罐的烦琐中脱身，这本身就是一场离经叛道的出逃。摆在她眼前的，是"家庭""孩子""女人的责任"几个大过天的词。然而，跨过这个无形的鸿沟，会一会外面的世界又能怎样呢？

家庭之外的钢铁森林里，到处是行走的雄性激素。男人们肉搏的世界里，不相信娇弱、不相信眼泪，他们只愿意接纳顺从，臣服者的顺从。

董明珠，偏不！

从最笨的办法开始，用吃苦耐劳赢得一张入场券，在五光十色的人间道场里，细细观察、慢慢体悟。能够以不变应万变的只有自己的信念和底线。不要想着随波逐流，不要想着偷工减料，踏踏实实循着初心前行。

你说，为时已晚了，游戏规则已经改变，混沌初开的局面不再，健全的体制正在建立，乱世出英雄的时代早已完结。

不是的。当你试图迈开步子，想象着如何体态轻盈地跨过一道又一道坎时，游戏就已经开始了。在漏洞越少的成熟游戏里，个人的成功之路才能愈加纯粹。

# ·俞敏洪·

## 心有多大，路就能走多远

### ◎ "不务正业"的名牌大学生

自婴孩呱呱坠地之后，天地间似乎便拉起了隐形的起跑线。挑着最好的月嫂，喝着最好的进口牛奶，上着最好的幼儿园……一切只为了赢在起跑线上。相较于这种精明的快人一步，笨鸟先飞何尝不是一种自我勉励。

对于一大批莘莘学子而言，"俞敏洪"三个字似乎有种莫名的正能量。作为席卷全国的教育培训机构的领路人，俞敏洪把自己立成了一道标杆——寒门学子、三度高考、北大差生……每个关键词都足以让深陷题海不能自拔的年轻人看到胜利的彼岸。

在 18 岁以前，俞敏洪一直生活在江苏省江阴市的一个小村庄里。那还是上个世纪 70 年代的乡野农村，俞家的祖祖辈辈在这片土地上日出而作、日落而息。年少的俞敏洪在自家的薄田里，插秧、割稻、开拖拉机，循着前辈们的足迹默默地前行。

沉默无言并不代表逆来顺受。这个在长江边上长大的农村娃，时常登上村头那座小山丘，举目远眺许久，他看到村庄之外的长江延绵漫长，满载货物的船只来来往往，他的好奇与野心似乎随着碧波荡漾的长江水东流入海。

为了走出这片荒僻的小山村，俞敏洪一连参加了 3 次高考，从 1978 年到 1980 年，他成为了名副其实的"老三届"。因为底子差，想着报考英语专业的他却考了个不及格的英语成绩。为了迎头赶上，他在复读班里，带着同学们一起拼命复习，白天一大早起来晨读，背单词、读课文、做题、讨论，到了晚上十点半熄灯以后，还打着手电在被窝里啃书，硬是把当时教材上的 50 多篇英语课文背得混瓜烂熟。

功夫不负有心人。俞敏洪在第三次高考中，终于考上了北京大学西语系。尽管只比录取分数线高出了 7 分，但俞敏洪第一次深刻地体会到勤勉的效用。一次考不过就多考几次，一遍背不了就多背几遍，世界上没有那么多捷径可以走，一蹴而就的成功并非每个人都能唾手可得，索性老老实实地一步一个脚印，不浮夸、不虚晃。

就这样，这个连普通话都说不好的农村小伙子靠着自己"死记硬背"的功夫，坐上了北上的列车，从江苏的一个小村庄走向了祖国首都，在全国最高学府里，依然发挥着自己锲而不舍的"蛮劲"。

因为口语不好，被分到"语音语调及听力障碍班"，于是就在听单词、背单词上下苦功，随身带着收音机，一有时间就听英语广播，立志成为"单词王"；因为课外阅读少，进北大前连《三国演义》《水浒传》这些名著都从没看过，于是就疯狂阅读，将中国历史和文学典籍看了大半；因为比不上其他同学聪明，经济上和精神上都"一穷二白"，于是就见贤思齐，汲取身边优秀同学的"养分"，跟着王强养成爱读书的好习惯，模仿徐小平思维敏捷、口若悬河的沟通风格，学习包凡一独到的批判精神和自嘲精神……

对于自己所作的一切努力，俞敏洪无比骄傲。当年，在班里的毕业典礼上，他由衷地对全班同学说："大家都获得优异的成绩，我是我们班落后的同学。但是我想让同学们放心，我绝不放弃。你们5年干成的事情我干10年，你们10年干成的我干20年，你们20年干成的我干40年。如果实在不行，我会保持心情愉快、身体健康，到80岁以后把你们送走了我再干。"

其实，俞敏洪还未说出口的是，当保持一种坚韧不拔的精神，为了一个目标愿意慢慢去努力，用时间去争取自己的未来，往往最后取得的成就比那些跑得快的人还要多。

毕业之后，俞敏洪留校担任英语系的老师。在外人看来，"北大老师"是响当当的头衔，可俞敏洪却高兴不起来。上个世纪80年代末的大学生可是香饽饽，何况是北京大学的学生？而且当时工作都是由国家分配的，俞敏洪毕业时填的工作志愿全都是北大以外的单位，可他最后还是被留校了。究其原因，主要是因为成绩不好。原来成绩好的同学都去了外交部、新华社、中国日报社那样的好单位。当时北大刚启动四、六级考试的公共英语培训，从本来只有英语系的人要学英语，最后扩展到全北大的每一个学生都要学英语。北大英语老师的缺口很大，最后凡是外面找不到工作的通通留下来在北大当老师。

细细想来，人的一生起起伏伏，有低谷，也有高潮。每个人生阶段都会面临向左还是向右的选择题。也许在这个路口踟蹰、纠结、挫败，但是绝不能因此而停滞不前。

在毕业之际的人生路口处，俞敏洪没有得到自己满意的答案，而且，恰恰是这个所谓的"屈就"成了他人生的转折点。心里颇为郁闷的俞敏洪再一次发挥了他特有的韧劲，既然是留校当老师，那就把"人民教师"这份工作踏踏实实地做好，备课、讲学、和学生交朋友，他也慢慢地融入了北大老师的生活中。站在今天的角度回头看，当初年轻气盛的俞敏洪是多么幸运，如果不是留校担任英语老师的教职，他大概一辈子都与教育扯不上关系吧，更不可能有之后名为"新东方"的教育巨头了。

创业，只要开始就不会结束

1992 年，已经过了 7 年校园生活的俞敏洪，在一派安逸、闲适中开始蠢蠢欲动了。当时正是全国上下出国潮高涨的时候，出国几乎成了一个人成功的标志，俞敏洪身边的数个好友也开始悄悄地准备去美国了。看着好友们从海外寄回来的明信片，俞敏洪也动心了。于是，他开始着手准备托福和 GRE 考试，并联系学校、选择专业。可是几番折腾，俞敏洪并未收到提供奖学金的学校录取通知书，反而把平时的积蓄给折腾没了，因为光是前期的出国申请就要好大一笔费用。

当时的俞敏洪已经成家，夫妻两人都在北京的高校教书，到手的工资并不高，只能勉强维持日常生活开销。为了补贴家用，积攒出国留学的资金，俞敏洪开始冒出了想办托福辅导班的念头。

可是还只是北大英语老师的他对办班没什么概念，也不知道如何招生，在他面前的只有一间 10 平方米的破屋，一张破桌子，一把烂椅子，一堆用毛笔写的小广告，一个刷广告的胶水桶。

于是，就在北京寒冷的冬夜里，俞敏洪拎着糨糊桶、骑着自行车穿行于大街小巷和大学校园，张贴自己用毛笔书写的托福辅导班广告。因为天气太冷了，糨糊刚刚刷上去就成了冰，实在受不了天寒地冻，他就掏出怀里的二锅头抿上一口。

一开始，这些连夜张贴的小广告效果不尽如人意。直到十余天后，才等来了两名报名者，这两名学生便成了俞敏洪英语辅导生涯的第一批学生。说来有趣，多年之后崛起的"新东方"就是靠着一张张小广告发家的，以至于俞敏洪心底有种所谓的"电线杆情结"。曾经因为市政建设，来人要拆新东方外面的两根电线杆，俞敏洪急了，死活不让拆，最后花了 7 万元才保下那两根电线杆。

在第一期辅导班结束之后，俞敏洪打算改变策略，于是又在电线杆上贴出了免费举办托福辅导班的广告。

"免费"二字一出，立即引来了 300 多名学生。原本，俞敏洪只是在中关村一所中学租了一间 50 个座位的教室，没想到学生人满为患，于是只能把讲台搬到学校的操场上。看着满操场的学生，原本还有些不好意思的俞敏洪瞬间被点燃了，他站在讲台上，迎着 300 多名学生期待的眼神，开始激情澎湃的演讲，把自己平时钻研出的单词记忆法，用诙谐幽默的方式讲给学生听，让在场那些深陷题海的莘莘学子们耳目一新。这场在瑟瑟寒风中拉开帷幕的"免费"英语课足足讲了两个多小时，学生们不畏严寒，听得津津有味，竟没有一个人中途退场。

那天夜里，嗓子都讲哑的俞敏洪第一次思考英语教学的意义，第一次重新审视自己出国的念头，也许不出国也能成就自己的一番理想吧！

由于俞敏洪精彩的教学，他的英语辅导课颇受欢迎，前来听课的学生越来越多，大部分的学生都是慕名而来，因为口口相传，他们知道俞老师的英语课特别好玩。那年寒假，俞敏洪在北京图书馆举办英语学习方法讲座，能坐 1000 多人的大礼堂一下子涌进了 4000 多人，窗台上、走廊内外全都挤满了人。后来，北图就把门关上了，可是进不去的学生就很愤怒，在外面又推门又砸玻璃，结果把整个紫竹院的几十个警察全部给招过来。警察跑过来站成一排，学生根本就不买账，把警察推开继续推门。

为了安全起见，俞敏洪将讲座临时改在礼堂外，因为没有讲台，他就站在台阶的一个垃圾桶上。因为急着出来安抚学生们的情绪，俞敏洪把衣服落在礼堂里面，只是穿了一件衬衫，一口气讲了一个半小时，在凛冽的寒风中像革命志士一样慷慨激昂，讲得自己和学生都热血沸腾……有的学生把他们身上的大衣脱下来给他穿。讲完了以后，派出所二话没说就把俞敏洪带走了，罪名是扰乱公共秩序。

后来，俞敏洪又办起了"GRE"辅导班，英语四级、六级辅导班，学员发展到 3000 多人，于是他在一间只有 10 平方米的小屋前挂上了"新东方学校"的牌子。也许，直到这时，俞敏洪也不曾料想到，自己将建起一个辉煌璀璨的教育帝国。

"我也是从学生走来，而且为了高考还参加过辅导班。我就想，如果我来管的话，应该通过什么样的方式帮助学生，吸引学生。"多年之后，俞敏洪回忆当年创办新东方的初衷，在他看来，之所以选择进入民办英语培训领域，是因为自己作为一个曾经接受过补习的学生，所以了解学生渴望帮助的迫切心理；因为自己是一个外语老师，所以有机会涉足外语培训的领域，从而了解外语培训领域的新动向。在自己的专业领域找到市场的需求，并不断思考改进的方式，每一步都在困难中寻找新的希望，机遇就始终掌握在自己手中。

## ◎ 中国合伙人

梦想是什么？

在青春励志电影《中国合伙人》里，黄晓明饰演的成冬青面对万人演讲时，向大家提出了这个问题。看着陷入沉思的黑压压的人群，其貌不扬的成冬青激昂地说："梦想就是一种让你感到坚持就是幸福的东西。"

戏里的"成冬青"就是戏外的"俞敏洪"。可是这"坚持"与"幸福"的关系之间，还藏着许许多多说不清、道不明的高潮与低谷。

现实生活中的俞敏洪远没有电影里的英俊和洒脱，当初他以一己之力将"新东方"发扬光大颇有些被逼上梁山的味道。

原本只是想通过英语辅导赚些外快，筹集出国留学的资金，可没想到因为这份兼职，把他的颜面和饭碗都砸了。

创业，只要开始就不会结束

那天夜里，俞敏洪和朋友在北京大学的宿舍里喝着小酒。因为英语辅导班的收益，很大地缓解了俞敏洪一家的经济窘境，所以此时的老俞家弥漫着苦尽甘来的祥和氛围。华灯初上时，北京大学的高音喇叭准时响起，一如既往地放送着校园晚间广播。

"诶，老俞老俞，这是不是在说你啊？"酒足饭饱之时，朋友听着若有若无的广播声，突然意识到什么。

好像被朋友的惊呼声叫醒一般，俞敏洪放下手中的碗筷，走到门外长廊里仔细听起来。果然，广播里正在播送对俞敏洪的处分决定。北京大学以这种极端的方式宣布了对英语系教师俞敏洪的处分，其中说了四五条处理理由，最重要的是打着北大的旗号私自办学。这个处分决定被大喇叭连播3天，北大有线电视台连播半个月，处分布告在北大著名的三角地橱窗里张贴了一个半月。

俞敏洪一下子懵了，在北大这么长时间，他没有遇到过大喇叭广播处分决定的情况。这可是全校所有的师生都听着自己的处分决定，而且还有连播好几天，这让他以后在学生面前怎么抬得起头啊？

处分突然袭来，方式和程度如此激烈，表明了校方的震怒。北大的这种"礼遇"，就是要让他没有面子在北大待下去。颜面扫地的俞敏洪迫于压力，只得选择离开。

"北大踹了我一脚。当时我充满了怨恨，现在却充满了感激。如果一直混下去，我现在可能是北大英语系的一个副教授。"多年之后，回忆起这段往事，俞敏洪不无感慨，而他的同事、新东方的李杜也心领神会地说道："老俞被北大处分，作为三流文人，既想保留文人的体面，又缺乏一流文人的风骨，不敢自沉未名湖。于是退而求其次，唯有辞职，落草为寇。此谓置之死地而后生。"

可是搁在当时，这无疑是当头一棒。出走是一时气节，但是出走之后呢？离开了北大，俞敏洪彻底没有了生活来源，除了养活家里的老婆孩子，还有远在江苏农村老家的父母、兄弟们需要他照应。

这个被赶出家门的北大教师已经无路可走，当真得"落草为寇"，选择从事个体经营了。原来只是小打小闹的"新东方"，看来要动真格了！

没有了"北大青年教师"的光环，俞敏洪开始思考如何营销自己以及自己的培训班，学会与社会、政府的各色人等打交道。

为了给"新东方"办营业执照，俞敏洪跑了 4 个月的海淀区教育局。因为办理辅导班营业执照需要原单位同意，这个条件俞敏洪实在不能满足，于是每个礼拜他就到教育局去一次。直到 4 个月以后，俞敏洪觉得和教育局工作人员混得比较熟了，跟他们说自己要办学校。教育局的经办人员给他一个半年的试营业执照，如果半年之后不合格他们就把这个执照收回。就这样，凭借着这个临时的营业执照，俞敏洪把"新东方"办起来了。

不过，办教育可没有办执照那么简单，并非只靠着一股执拗劲儿就能搞定的，还需要有勇有谋。创业初期，为了吸引更多的生源，俞敏洪绞尽脑汁，后来倒真的让他想到了一个"损招"。原来，俞敏洪看准了大家的从众心理，就在每一个班报名册前面写上 30 个假名字，很多前来报名的学生一看到自己前面已经有 30 个人，就会比较放心，报名成功率比较高。后来有人就说，老俞，你这个算不算商业欺骗行为，俞敏洪一身正气地说不算，因为这只能叫作商业运作测算，来上课的学生确实得到了满意的教学质量。

教师出身的俞敏洪渐渐显露出他的经商才能，只靠三招，就打下了自己的江山。一是价格战，当时基本收费都在 300～400 元，俞敏洪只要 160 元，而且还是在 20 次免费授课之后，不满意可以不交钱；二是推出核心产品，他赖以成名的"红宝书"——《GRE 词汇精选》；三是情感营销，向学生讲人生哲理，进行成功学式的励志教育，再加上他幽默的授课方式，深深地吸引了学生。

"老师做企业家是比较容易成功的，因为我们理解人性，知道如何满足学生的要求。"确实，俞敏洪对学生心理的理解是深刻的，并且充分利用了学生对老师的信任、崇拜心理，从而获得别人的信任。

随着俞敏洪招的学员越来越多，其他培训机构的学员就越来越少。所谓"一山不容二虎"，俞敏洪抢占了别人的生源，于是竞争力最强的头号对手急了，先是大面积覆盖广告，后就变成了与俞敏洪的学校互相争执，最后就干脆拿着刀子在电线杆边上等着，俞敏洪一贴宣传单，对方当场就撕，甚至还把俞敏洪手下的广告员给捅了几刀，伤者进了医院。

为了给手下讨回公道，俞敏洪安顿完伤者后就到公安局报案，可是案件迟迟破不了，于是就到公安局蹲点，看看哪个警察比较空闲一点，就跟他讲了新东方的故事，甚至拿上全部存款，跟 7 个从来没打过交道的警察喝酒，一人喝了一瓶半的高度五粮液，差点喝挂，还是几个警察手忙脚乱把俞敏洪送到医院，抢救了 6 个小时，医生说，再晚来 15 分钟就没戏了。

"既然要做生意，就必须摆脱这种知识分子特性。我刚出来做生意的时候，也是不愿意跟政府打交道。但我不得不到公安局门口一蹲 3 天，好不容易才拉到一个警察。最后我把自己喝酒喝到送医院抢救了 6 个小时，活过来以后我明白了，原来我应该这么做。"回忆往事，俞敏洪心有戚戚。

不善于跟陌生人打交道，不善于跟社会打交道，不善于跟官场打交道，自己就硬着头皮学……俞敏洪骨子里那种坚韧的品性又开始发挥作用。有时候，越着急的事情可能越是大事，越着急越做不好。因此，要慢慢地做，把事情做细致了，这样才可能把事情做完美。既然人生不是百米冲刺，那就不能用百米冲刺的速度去跑，也不能用马拉松的速度去跑。

不过，俞敏洪也知道"一个好汉三个帮"的道理。1995年底，他积累了一小笔财富飞到北美，这里曾是他魂牵梦绕的地方，当年就是为了凑留学的费用，他丢掉了在北大的教师职位。在温哥华，他见到了曾经同为北大教师的徐小平。这时，徐小平已经来到温哥华10年之久，生活稳定而富足。

俞敏洪对徐小平大谈新东方的情况，他说新东方现在有一万多学生，北京城起码有10万人是他的"门徒"，新东方的老师一节课最多能挣1000多块，一节课两个小时，有的老师一天要讲10个小时课，一天挣好几千块钱。

徐小平开始算账，一个哈佛教授年薪12万美元，一个月1万美元，一天300美元，换算成人民币，一天也就是挣2400元人民币，新东方老师一天挣四五千元人民币！在加拿大讲课，一天挣100美元就不错。这绝对是全球以教书为生的人最高的日工资。俞敏洪劝徐小平回来做移民咨询，因为他在加拿大的一家公司做过移民咨询，懂加拿大法律，可以利用新东方这个舞台。听了俞敏洪的创业经历，徐小平怦然心动，毅然决定回国和他一起创业。

之后，俞敏洪赶到美国去找王强，此时的王强在美国著名的贝尔实验室做软件开发，拿着6万美元的年薪。王强带俞敏洪去普林斯顿，走进一家超市，有打工的中国学生，突然走过来，满脸景仰地问："你是俞老师吗？"走进一家餐馆，也有中国学生站起来，"俞老师……"甚至走在大街上、校园区，也碰见了不少叫"俞老师"的人。王强两眼放光，像看外星人一样看着俞敏洪。这太奇妙了！太刺激了！1996年，王强终于下定决心回国，加入北京新东方学校创业团队，先后设计并启动了新东方学校的英语基础培训课程、实用英语学院课程以及计算机培训课程。

就这样，"新东方"的三驾马车蓄势待发。在俞敏洪的鼓动下，昔日好友包凡一、钱永强也陆陆续续从海外赶回加盟了新东方。经过在海外多年的打拼，这些海归身上都积聚起了巨大的能量。俞敏洪笑言自己是"一只土鳖带着一群海龟奋斗"，新东方就像一个磁场，凝聚起一个个年轻的梦想，借着当时英语学习热和出国热，新东方开始如野草般疯狂生长。

人最坏的习惯之一就是抱住已经拥有的东西不放，其实，一个人只要舍得放下自己的那点小天地，就很容易海阔天空。王强两度飞越重洋并定居美国，经过超常的努力，成为贝尔实验室的高级电脑工程师，现在成为国内最著名的口语教师；被朋友们怀疑其不食人间烟火的哲学家包凡一，在北美的现实压迫下，读完传播学硕士之后，再熬出一个MBA，居然成了美国通用汽车公司的会计师……每个人都偏离了专业为他们设计的发展轨迹，把握未来的过程中，首先要有勇气走出这种生活，而走出这种生活又需要放弃原来的既得利益和习惯。

## ◎ 一路走下去，因别无选择

在电影《中国合伙人》里，"新东方"的"三驾马车"骂过、闹过、打过，但最后是 3 个人坐在一起享受胜利果实的大团圆结局。可俞敏洪却说，"真正的企业发展和企业合伙人的关系比这个要复杂，我们三人打架打得比这个凶多了。"

其实，说到底，分歧的根源最主要的还是利益问题。企业做大了，甚至上市了，股份怎么分？新进入的市场怎么分？这些都是摆在每个创业者面前实实在在的问题。

"创业之初的伙伴们在新东方日进斗金后，不再像以前一样安于自己的分成，逐渐产生了利益纠葛。由于以前没有一套机制来规定剩余利益的归属，大家开始了争执和吵闹。"俞敏洪坦言。

从西方留学回来，一切以规则为准的王强最无法容忍的是，包括俞敏洪在内的新东方早期管理层陆续将亲戚引入公司，出现所谓"四大家族"的家族化趋势，王强要求的改革必先从俞敏洪开始，他让秘书递给俞敏洪一封信，里面历数俞敏洪过错、新东方的弊端，正式作出了辞职、退股、离开新东方的决定，徐小平也向俞敏洪递交了辞去董事的辞呈，加码支持王强。新东方"三驾马车"中，三去其二，新东方的未来命运如何？

　　因为俞敏洪早年丧父，由母亲一手把他拉扯大，在最艰难的创业初期，是母亲给了他帮助和依靠，现在企业壮大了却要让母亲和亲戚走，俞妈妈在办公室骂起儿子不留情面，俞敏洪不得不当众跪下不敢回嘴。但是王强对原则绝不让步，他会帮助俞敏洪果断开除犯规的员工，强迫老俞开会时关机，规定教学区不准抽烟，第一个罚的就是俞敏洪的母亲。

　　曾经的"盟友"相继"造反"，眼见着新东方的核心团队就要瓦解。俞敏洪面临的困难，不仅仅是兄弟们"造反"，还有来自家庭的压力。就像很多民营企业一样，新东方是俞敏洪和他老婆一起创办起来的。后来，老妈、老婆的姐姐、老婆的姐夫都在新东方工作。不仅俞敏洪这样，其他创业元老也如此，而且，家人对公司管理的指指点点，引起了海归们的不满。为此，俞敏洪制定了一个回避原则：直系亲属一律不能在公司工作。

　　最后，这场水泊梁山的结义看似出现了崩盘。2002 年到 2004 年，在王强、徐小平等股东的要求下，俞敏洪不再参加董事会和总裁会，每天夹着书包去给学生们上课。一年多，股东们轮流坐庄体会完当老大的滋味，没人愿意干了，俞敏洪又被请了回来。他当然很清楚，要再回到以往的状态，大家都会僵死在原地。重新执掌新东方的俞敏洪，解决了内部人员和财务管理问题。

　　到了 2006 年，新东方教育科技集团在纽交所敲响了股市钟，一路高唱着"从绝望中寻找希望，人生终将辉煌"的俞敏洪老师，终于带领新东方成功上市。上市后，44 岁的俞敏洪资产至少高达 1.21 亿美元，成为"中国最富有的教师"。

"新东方"上市刷新了中国教育业在美国上市的零纪录，这是一个既值得称道又曾经引发争议的话题。从 1993 年注册成立的一个小学校到融资过亿的上市公司，新东方这条"寻找希望"之路走得并不容易。有业内专家分析，"缺钱"是俞敏洪做出上市决定的最主要想法。可是拥有上千万学子的新东方怎么会缺钱呢？有人认为虽然俞敏洪每年在培训费用上的收益很大，但是他所要承担的教师成本和运营成本更高。比如教师的工资，在新东方里最普通的教师一小时的课时费也要 1000 元，优秀教师的课时费几乎是不封顶的，新东方曾经出现过给教师发不出工资的现象。目前，在外语培训领域里新东方面临的竞争十分严峻，在新东方的财务报表中，其长期资本净值常常是小于长期资产净值的，也就是说俞敏洪的新东方在用短期融资做长期投资，这样在年报中反映出的数据将无法利好。在这样的情况下，境外上市是俞敏洪的最佳融资选择。

不过，在俞敏洪看来，他希望用严厉的美国上市公司管理规则来规范内部，以制度说话，避免前面出现的人情和利益纠葛，从而实现自身的救赎，让企业顺利发展。因为此前的种种波折让他深刻地意识到，在新东方，骨干们很容易越过规矩谈感情，而上市之后，外部规矩比内部规矩更强大、更有力。

果不其然，上市之后的新东方改变了许多。新东方严格按照美国上市公司的要求进行内部管理，制度更加健全，比如建立了员工投诉信箱、客户投诉信箱等。"做教育"和上市的冲突也凸显出来，因为作为一家好的上市公司，必须要做到收入增长、利润增长以及人数增长。对于一个教育机构来说，它最大的可持续性发展的保障，在于它的教学质量，并不在于每年学生增加了多少。这就是矛盾，而且还难以平衡。

路途再远、前程再难，既然选择了远方，必定要风雨兼程。从高考三次落榜到七成的哈佛、耶鲁的中国留学生见面后叫一声俞老师；从一次次留学申请失败到指点莘莘学子远渡重洋；从唱独角戏的创业者到成为拥有 4000 员工的企业掌舵人……俞敏洪的事业经过了一次次的峰回路转，如今，他领导的新东方教育科技集团目前在全球拥有 20 所新东方学校，两家专业研究机构，5 家子公司及北美分公司，业务涵盖教育培训、教育研发、图书杂志音像出版、出国留学服务、职业教育、在线教育、教育软件研发等多个领域。

对俞敏洪而言，"心有多大，就能走多远"，这是不变的人生信条。

"如果我当年落榜、留学失败、被北大处罚后接受大家的劝说安静地过日子，现在我可能是个农民，可能是个外语系副教授，我可能和很多人一样过着单位、社会为你设计的被动生活。"

　　被动的生活一旦成为一种无意识的习惯，我们就会像磨上的驴一样被各种各样的事情牵着鼻子在原地转圈子，但由于被牵得太久了就忘了我们是被牵着鼻子在生活，有时候不被牵着还感觉不舒服，但谁也无法预测未来。

　　如果梦想是光，俞敏洪将自己的梦想，照进了别人的现实，又在这个过程中，实现了自己的人生抱负；如果追梦的过程是攀登，俞敏洪的追梦之旅总是那么曲折离奇，风景别样，但他仍然锲而不舍。他曾说，蜗牛只要爬到金字塔顶端，它眼中所看到的世界，所收获的成就，跟雄鹰是一样的。无论梦想的路上有多少险阻，他一直相信，在绝望中寻求希望。

# ·马云·

## 今天很残酷，明天更残酷，后天很美好

### ◎ 在西雅图"触网"

古人说"人不可貌相"，可惜再老的古训也抵不过如今这个看脸的社会。所谓的"颜值经济学"告诉我们，对美貌的追求和向往其实是人类在亿万年的趋利避害中累积下来的智慧。

然而，这句话的权威性因马云的出现而动摇。这个以 1950 亿元身家高居 2016 年胡润 IT 富豪榜第一位的男人长着一张酷似外星人的脸，在创业初期，还一度被当成"骗子"。那个首次高考数学考了 1 分的少年已经蜕变成运作庞大商业体系的"大佬"，呼风唤雨。

创业，只要开始就不会结束

　　无论是靠脸吃饭，还是靠才华取胜，都不是谈笑风生、轻而易举就能做到的。马云的成功之路必定不甚平坦，不然也不会说出"今天很残酷，明天更残酷，后天很美好，但绝大部分是死在明天晚上"这样的话。

　　出生于上世纪 60 年代的马云是土生土长的杭州人，因为他的爷爷在抗战时当过保长，解放后被划为"黑五类"，取名为"马云"，就是希望马云以后乖巧懂事，少惹是非。可是，愿望是美好的，现实是残酷的，马云一点儿都不让家人省心。读初中的时候，身材瘦小的马云却是"捣蛋分子"，喜欢替朋友出头打架，成绩让老师很头痛，因为打架记过太多，曾被迫转学到杭州八中。中考的时候，连续考了两年才考上一所极其普通的高中，其中一次数学只得了 31 分。

　　到了高考，情况就更遭了。

　　1982 年，马云第一次参加高考，首次落榜，数学只得了 1 分。高考落榜之后，无比挫败的马云就跟表弟到一家酒店应聘服务生，结果表弟被录用，自己惨遭拒绝，老板给出的理由是马云又瘦又矮，长相不好。后来，马云做过秘书、搬运工人，折腾了一年后，再次走进高考考场。第二次高考也没多大长进，数学提高到了 19 分，再次名落孙山。

　　马云的父母劝他死了上大学的心，好好学门手艺，马云不听劝，执意参加第三次高考，这次数学考了 89 分，但总分离本科线还差 5 分。由于英语专业招生指标未满，部分英语优异者获得升本机会，他被杭州师范学院破格升入外语本科专业。就这样，21 岁的马云终于走进了大学校门，他也摇身一变，成了大家眼里品学兼优的好学生，凭借出色的英语稳坐外语系前五名，当选为学生会主席，后来还担任了两届杭州市学联主席。

鲤鱼跃过龙门，见过水深浪高之后，才有了自己远行的目标。只是这纵身一跃也是十分艰难，万千翘首以盼的鲤鱼们哪个不是摩拳擦掌，不过最终机会总是留给有准备的一方。

因为英语优势华丽转身的马云，其实在 12 岁时就自觉地开始打英语基础。1979 年刚改革开放那阵儿，到杭州旅游的外国人多起来，马云一有机会就在西湖边逮着人家练习口语。这也为他之后就读的专业和从事的工作奠定了基础。上世纪 80 年代末，马云从杭州师范学院外国语系英语专业毕业之后，被分配到杭州电子工业学院，也就是如今的杭州电子科技大学，任英语及国际贸易讲师。

马云的这第一份正式工作在旁人看来也是十分体面的了，每月 110 元的工资在 1988 年看来还算平均以上。手握着这份"铁饭碗"，马云却还是安分不起来，不甘寂寞的他找了不少兼职，并利用课余时间为到杭州观光的外国游客担任导游，还发起西湖边上第一个英语角，开始在杭州翻译界崭露头角。很多企业和个人慕名而来，请他担任翻译，于是他和朋友合作，索性成立"海博翻译社"，请退休老师做翻译。

"海博翻译社"也是杭州最早的专业翻译社，不过由于当时的商业氛围并不浓厚，翻译社的经营挺艰难，一个月的营业额是200多元，可光是房租就要700元。第一年实在不行了，马云就背着口袋到义乌、广州去进货，卖礼品和鲜花，还销售过医药，推销对象上至大医院，下至赤脚医生，用这些钱养了翻译社3年，才开始收支平衡。

也许在旁人看来，马云的职业生涯开端的这次"不务正业"是失败的，且不说没有一夜暴富，就连收支平衡也是到3年之后才实现的，再加之又搭进了四处奔波的时间和精力，显得有些得不偿失，不过，马云自己倒是看得很开，"真正想赚钱的人必须把钱看轻，如果你脑子里老是钱的话，一定不可能赚钱的。"

果不其然，正是这个不赚钱的营生开启了马云的传奇之路。钱没赚多少的马云凭借着超强的活动能力为自己带来了不小的名气，一家和美商合作承包建设项目的中国公司，聘请马云为翻译到美国收账。

第一次的美国之旅对马云而言，并不是一次美好的回忆，因为雇佣他的美国商人将马云禁闭在房间中长达两天。在惊恐不安中马云被释放。好在，惊慌失措的马云没有忘记回国之前去西雅图看望一个朋友。正是在西雅图，他第一次"触网"。

"我甚至害怕触摸电脑的按键。我当时想谁知道这玩意儿多少钱呢？我要是把它弄坏了就赔了。"面对新的事物，任何人都怀有好奇和恐慌，不过马云之所以成为马云，就在于相较于普通的围观群众，他在好奇和恐慌之余，还嗅到了"商机"。当他看到朋友在搜索引擎上输入单词"啤酒"，结果只找到了美国和德国的品牌时，他就想在这张巨大的"网络"里，不应该只有发达国家的品牌，还应该出现中国的品牌，应该要利用互联网帮助中国的公司为世界所熟悉。

因为如此"惊鸿一瞥"，头顶"杭州十大杰出青年教师"光环的马云辞了职，自己拿出七千元，向妹妹、妹夫借了一万多，凑足了两万元准备创业，成立了中国第一家互联网商业公司——杭州海博电脑服务有限公司。

现在回头看，我们感慨马云的胆识和视野，可在当时，有谁能一眼看透这了不得的"胆识和视野"呢？那是连马云本人看到电脑都不太敢触碰的年代啊，那是连英特网为何物都鲜有人知的岁月啊！所以，也难怪，创业初期，马云被视为"蛊惑者"。

马云当时的业务是把国内单位的资料放到互联网上去，让老外能找到他，创业团队在收到客户资料后翻译成英文，然后快递给美国合作方做成网页。可问题的关键是，当时国内还没有互联网，这意味着国内的客户需要为看不到、摸不着的东西买单，这可能吗？

为说服更多商人上网，他凭借三寸不烂之舌四处游说，他每天出门对人讲互联网的神奇，还在大排档跟人神侃瞎吹。老板不相信，除了打印网页之外，马云还请老板打免费越洋电话，问在美国的亲戚朋友，让美国人上网查证，目的就是鼓动商人上网、做电子商务。因为这样，还有人说马云是"三子登科"——集骗子、疯子、傻子于一身。

到了1995年，上海终于开通互联网，马云的团队还提供额外服务——长途电话到上海再接入互联网，花3个半小时才能看到互联网上的照片。原本看不到、摸不着的东西真实地呈现在眼前，尽管等待的时间长了些，但是马云依然欣喜若狂，此前受到的委屈和误解都算不了什么了。

当所有人都不看好你，甚至万般嫌弃你时，该如何自处呢？是怨天尤人，还是自暴自弃？也许，更多的时候，我们总是有种怀才不遇的郁闷，然而从周遭无端的质疑声中，抬起头来，挺直腰板，凭着一股虽千万人吾往矣的豪情，或许终究能闯出一片天来。

1997年底，马云和他的团队在北京开发了外经贸部官方站点、网上中国商品交易市场等一系列政府站点，他将自己所持的21% 中国黄页以每股两三毛钱的价格贱卖给了公司，拿回10多万元。不过由于许多原因，马云于1999年初决定放弃这些在北京的生意，他拒绝了雅虎、新浪的高薪邀请，和自己的18位伙伴们组成"创业罗汉"，回到杭州创办一家能为全世界中小企业服务的电子商务站点，这就是最初的"阿里巴巴"。

"从我外婆到我儿子，他们都会读阿里巴巴。"因为朗朗上口，马云从别人手里买下了"阿里巴巴"这个域名。18位"创业罗汉"在"不向亲戚朋友借钱"的前提下，筹了50万元本钱。这其中包括马云的妻子、当老师时的同事和学生、患难朋友，当然还有被他的人格魅力吸引来的业界精英，如阿里巴巴首席财务官蔡崇信，当初抛下一家投资公司年薪75万美元的副总裁职位，来领马云几百元的薪水。

"1995年做网络，人家认为我们是骗子。1997年提出中国黄页，人家认为我们是疯子，现在人家认为我们是狂人。不在乎别人怎么说，坚持自己是对的就做下去。冤枉、误解在网络中是很正常的。我自己觉得，脸皮子倒真是越练越厚了。"对于当时的马云而言，他的目标是带领中国进入互联网时代，而他声称他的商业会是全球每年68兆亿进出口零售额的主要入门网站。这份狂妄在当时让他有了"狂人"的称号。

连马云的妻子张瑛都说，马云不是个帅男人，看中的恰好是他能做很多帅男人做不了的事情。不过创业初期的马云，就像打了鸡血似的，连张瑛都有点吃不消了。当时，马云的阿里巴巴团队刚成立，工作是不分日夜的，他有了什么点子，一通电话，10分钟后就在家开会。在没有盈利前，团队里每人每月500块薪水，这点钱买菜都不够，家里的"食堂"要保证开伙，加班开会的夜宵品质必须保证。

笑称自己是"外练一层皮，内练一口气"的马云像开挂一般。在刚刚完成一轮融资的时候，并不缺钱的马云碰到了国际著名投资人孙正义，双方交谈了6分钟，最后孙正义决定投资给阿里巴巴2000万美金。其后，各路投资纷纷入账。其股东不乏国际大财团的身影：高盛，富达，软银，前WTO组织主席彼德·苏德兰也位列董事会成员中。

成功之后的马云给了妻子张瑛阿里巴巴中国事业部总经理的职位，可识大体的张瑛最后决定从这个位置上退出来。因为她认为公司到这个时候，让别人看见阿里巴巴CEO的夫人在公司里，不管你做得怎样，别人看你的眼光都会不一样。尽管董事会一开始不同意这个决定，但是张瑛和马云说服了他们，在公司员工大会宣布这个决定时，很多员工都哭了。

从1999年的"18罗汉"到如今超过7万名员工，历经10余年的艰辛，马云和中国互联网一道熬过拓荒期，成就如今这个庞大的阿里帝国，他自己也从"长得像外星人的骗子"变成了人人追随的创业教父、青年偶像、精神导师。平心而论，马云的成功并不容易复制，但是他似乎可以给予我们无限的正能量。

这个酷似好莱坞电影里ET的小个子男人笃定地说："我永远相信只要永不放弃，我们还是有机会的。最后，我们还是坚信一点，这世界上只要有梦想，只要不断努力，只要不断学习，不管你长得如何，不管是这样，还是那样，男人的长相往往和他的才华成反比。"

## ◎ 男人的胸怀是委屈撑大的

　　昨天你对我爱理不理，今天我让你高攀不起。

　　伴随着阿里巴巴在纽交所上市钟声响起，其貌不扬的马云成功跻身世界级企业家的行列，顺带创造了数十个亿万富翁。在此15年前，也是在美国，事业刚起步的马云四处寻求投资，当时所需的资金只有200万美元，却连续被30家投资公司拒绝。这次，马云站在世界瞩目的纽交所，只是幽默地说了一句："我今天又来了，这次我想多要点儿钱回去。"

　　最初很多人对他不看好。因为看着全球互联网泡沫破灭而与阿里巴巴分道扬镳的高盛、因为嫌弃15%的占比太少转而自制购物网站的腾讯、因为只看业绩而转投竞争对手的万通控股……马云和阿里巴巴的成功逆袭让许多业界大佬拍着大腿喊后悔。可是多少人知道，那个在成功者舞台上笑谈当年事的马云，在当年，承受了多少委屈和失望。

　　阿里巴巴团队曾在北京干过一段政府项目，最后马云决定南

创业，只要开始就不会结束

下杭州再次创业。在北京的 14 个月，马云和他的团队埋头苦干，却不曾在首都的名胜古迹走走逛逛，直到要离开的最后一天，他们决定去长城。看着雄伟壮观的万里长城，马云顿觉自己如此渺小，而创业之路又像这延绵不绝的古道，一眼望不到头。那天晚上，下着大雪，一伙人聚在一个不知名的小饭店里，大碗喝酒，大块吃肉，一起抱头痛哭。这群走南闯北的汉子们都回避着"失败"这个词。对于马云而言，这种无力感更明显，因为这是他 30 岁以来第 4 次连续创业失败。

回到杭州，阿里巴巴重新启航，但是与北京、上海、广州等地的同行相比，阿里巴巴一度是互联网行业的丑小鸭。互联网素来以烧钱著称，阿里巴巴创办后也面临资金压力，最为窘迫的时候是他们银行的账户里只有 200 元。有一次马云去见上海的投资商，对方出了一个苛刻的条件。马云不免犹豫，于是溜出去问管财务的同事，得到的消息是：账上已经没钱了。回去思前想后，马云还是咬着牙放弃了这笔投资。

尽管外表张狂，但马云内心清醒异常，在他内心有一种"长征"的心态，他认为电子商务可能要花 10 年、20 年才能成功，在这个长征里，只有你的心很坚定，眼界很开阔，只有给别人带来价值，才能赚到钱。

2001 年到 2003 年，这是阿里巴巴最为艰难也最为关键的 3 年，当时互联网已经进入冬季，每个人对互联网走势怎么样，红旗能够扛多久都很疑惑，可马云却给自己确立了三大目标：做80年持续发展的企业，成为世界十大网站，只要是商人都要用阿里巴巴。

"如果认为我们是疯子请你离开，如果你专等上市请你离开，如果你带着不利于公司的个人目的请你离开，如果你心浮气躁，请你离开。"马云在2003年曾如是说。因为当年的阿里巴巴简直祸不单行，由于员工去广州参加广交会染上非典，这让整个杭州如临大敌，超过500人被隔离，甚至连前一天刚来视察过的杭州市长及随从人员也因此被隔离。

同楼的其他公司员工纷纷带着电话机、传真机、电脑像逃难一样跑，隔壁公司有人冲进阿里巴巴砸东西泄愤。那时的阿里巴巴在杭州一举"成名"，但员工上街根本不敢说自己在阿里巴巴上班，否则人们就像见到了老虎一样恐惧。一直到隔离结束以后走到街上，都会遭到不正常的待遇，人们还会对他们会指指点点。

受到影响的还有当时还处于保密期的淘宝网。当年5月10日，淘宝网成功上线，但因为非典隔离，场面极为寒酸，甚至凄凉——没有鲜花，没有大餐，没有镁光灯，没有欢快的音乐，没有涌动的人群。在略显沉寂的卧室里，躺在床上的马云面对着天花板，慢慢地举起了酒杯，虔诚而默默地念叨着：保佑淘宝一路顺风。后来，5月10日被阿里巴巴定为"阿里日"，回顾非典的磨难，感恩员工家属一并参与。马云也总不忘在每年给员工的春节邮件中提醒大家，"大年三十晚上，八点老习惯，我们对空敬酒感恩，祝福。"

自从淘宝网创立之初，eBay 易趣曾一直是阿里巴巴的主要竞争对手。无论是技术、资金、人才、占有率，还是品牌，eBay 易趣是全面占优的，还放出豪言说：淘宝只能存活 18 个月！

eBay 的此番言论可不只是做做样子的。为了牵制淘宝，eBay 买下了搜索引擎中关于"淘宝"的关键词广告，搜索淘宝就出现"要淘宝，到易趣"的广告，还在自己的主页上打出了"淘宝贝，开店铺，生活好享受"的宣传语，这正是广告封杀。

随后，eBay 易趣与各大主流网站签署了一年的排他性广告合同。合同注明，一旦发现这些网站与 eBay 易趣的竞争对手，如淘宝网产生任何有关宣传和推广的合作，就要支付高额的罚款。甚至在淘宝的办公室对面，竖起了 ebay 易趣的广告牌。这导致淘宝网只能投中小网站，更有意思的是，只要其在一家网站上投放广告没几天，eBay 易趣就会用两三倍的价格独家买断该网站所有关于在线交易的广告。走"投"无路的淘宝网只好将广告投放在公交车、电梯和地铁列车上。

好在，阿里巴巴并没有自乱阵脚。曾有一度，包括马云在内的阿里巴巴高管们丝毫不避讳把公众注意力引到这家位于硅谷的竞争对手的"缺点"上。他们把 eBay 比作"大海中的鲨鱼"，而

— 135 —

自己则是"长江中的扬子鳄"，所以他们避开 eBay 的地域优势和品牌效应，通过降低收费超过了 eBay 在华业务，导致 eBay 实际上于 2006 年退出了中国。

伴随着互联网日新月异的发展，那些原本看起来与阿里巴巴井水不犯河水的公司正朝着竞争的局面演进，来自传统渠道商的竞争也呼之欲出，似乎整个互联网都成了阿里巴巴的竞争对手。对于一向宣称喜欢竞争的马云来说，有一些竞争者他完全可以像过去那样置之不理，却不得不小心应对那些暗地里给他使绊子的竞争者。

2008 年汶川大地震，当举国上下陷入巨大悲痛之时，一篇题为《马云为汶川捐款 1 元冷静得让人脊背发凉》的文章在天涯、网易论坛地处散播，并通过 QQ 群大量散发。文章里写到马云声称"只捐 1 元不捐有理"，这很快引发了网友们的愤慨，论坛上充斥着"马云滚出""从此再不上淘宝"等字眼。可事实是，当时身处国外的马云听到汶川大地震的消息后，就立刻捐出 100 万，随后整个公司、员工、用户等一起行动，最终汇成 4744.7 万元的善款。除了直接捐赠之外，阿里巴巴随后还对口援建青川灾区，利用电商平台优势为青川人民搭建平台。并发起"阿里志愿者行动"，此后数年，都有员工利用各方面力量驻扎援建青川。明明捐出巨款，却被污"只捐 1 元钱"，颠倒黑白，着实让有心的竞争对手大发"灾难财"。

在外人看来，无往不胜的阿里巴巴也并非一帆风顺。在马云自己看来，阿里巴巴至少犯过两个大错误。首先就是全球化，当时他曾在美国硅谷设分公司，找来许多非常高阶的 IT 人才，但后来发现这些员工都不懂贸易，经营不下去就开始裁员，就如同拖拉机上装上波音引擎，很不适合，马云说这是一个大悲剧；另外一个错误的决定，就是阿里巴巴买下中国雅虎。经过一两年的整合，阿里巴巴和中国雅虎却还是磨合得不好，这也让企业受伤很重，马云说公司经营的任何错误都是成长的养分，要从中记取教训。

无论是委屈，还是误判，毋庸置疑的是，曾经那个并不起眼的小个男人已经成为了一个大集团的领军人物。或许，诚如马云所言，男人的胸怀是委屈撑大的。如今在阿里巴巴，马云的影子似乎无处不在、无时不在，他所倡导的价值观，既是最好的兴奋剂，也是最好的疗伤药。马云的很多内部讲话都能让阿里的价值观原地满血复活。阿里巴巴创造了中国互联网界的奇迹，成为目前中国市值最高的互联网公司，而马云便是赋予阿里巴巴灵魂的缔造者，他成为今天最受世界关注的人物，不是因为他的财富，而是因为他创造了这家伟大的公司。

## ◎ 这个世界是公平的

很多人将时间用来抱怨与不甘。或许，是怀才不遇的沮丧，是付出得不到回报的激愤，是对所有小人得志的鄙视……似乎整个世界的不公都瞄准了自己，似乎任何的努力都无法赶超那些赢在起跑线上的人。

可，这个世界真的是不公平的吗？

马丁·路德·金说："在道德的宇宙里有一条很长的弧线，但是无论多长，最终会靠向公平。"

奥巴马告诉我们："这个世界是否公平取决于我们自己，取决于我们做出的选择，特别是在历史的某个转折点上，特别是在重大的变化正在发生的时候，在一切的界定都是模糊不清的时候。"

当"马云斥资 4.6 亿美元买下肯德基"的新闻刷爆网络平台时，各路段子手倾巢而动，当年马云应聘肯德基时的一段往事也浮出水面。

年轻时，马云和小伙伴一起应聘肯德基的服务生，同行的一共有 25 个人，经过简单的面试交谈，其余 24 个应聘者都被录取了，独独剩下马云一个人被拒之门外。负责应聘的台湾老板也说不出个所以然来，大意就是服务业者不应像马云这般长相。

所以有人说，马云买下肯德基是最强复仇，当初面试被拒，如今花大钱买了它是多么霸气，可问题是，马云年轻时的"衰事"不只这一桩。当年警察录取考试时，5个人录取4个，又单独落下马云；毕业时，尝试着给企业投简历，无奈30多封履历石沉大海，没有一个企业向他递出橄榄枝。

世界是公平的。或许那些从手中流逝的，终有一天会以另外一种形式回到你手里。

有人说马云想得远、跑得快，只是因为抓住了一个机会，那就是紧握"互联网经济"这个时代命题。

那如今属于新一代年轻人的机会在哪儿呢？

在马云看来，如今恰是最好的时代，拥有最好的机会。在人类历史有过三次重大革命，工业革命，英国花了50年时间发展起来了；技术革命，美国花了50年时间；而今是人类历史的第三次革命，互联网时代已经过去20年，接下来30年才是关键。前20年是互联网经济时代，后30年将是互联网经济和传统经济的互补、融合，如果互联网不改变，只会变成传统互联网。

这个所谓的"机会"是不是太大了点儿？其实，在成功者眼里，任何时代都充斥着成就事业的大把机会。比如人人都抱怨雾霾，如果有人能找到一个解决方案，那这个人肯定是未来的成功者。甚至"抱怨"本身就是机会的来源。许多企业主感叹很多年轻人喜欢抱怨，而马云听到抱怨声音之后，首先做的就是将"抱怨"改善成为新的商机。

这个时代之所以是最好的时代，恰恰在于这个时代处处都有令人焦头烂额的麻烦，而麻烦的解决者就是最好的创业者。

"这世界是很公平的，年轻人要自己学会欣赏自己，因为大家看世界的角度都不一样，所以有些人是把机会看成是灾难，也有人把灾难看成是机会，甚至有人把机会作成灾难的人也很多，但每一代的人都有自己的机会，过去我也曾经很羡慕地看到比尔·盖茨，看到郭台铭那样的成功，那时我还很气，想说他们已经那么成功了，我是不是没有任何的机会了，但你其实只有看到他们成功的一面，没有看到他们背后辛苦的一面，年轻人应该找寻自己的机会，而不是只是看着别人。"马云如此苦口婆心。

所有的瞻前顾后、亦步亦趋都是不甚自信，不要一天到晚只是看着别人，更不要带着负面情绪抱怨不公平，这世界就是这样的，你抱怨不抱怨，它都在那里，不来不去。

那些沿途洒下的汗水，那些暗自回流的热泪，那些倾心传递的温暖，已悄然地流向宇宙的某一个角落，而所有藏匿在未知远方的细流，将在不经意的某一天汇聚成一道彩虹，穿越时空回来拥抱你。

有人问马云，如今经济形势不好，依然适合创业吗？

马云大笑，我从来不关心总理要关心的事情，要改变整个世界太难，只要先想好如何改变自己就不错了，不要只是晚上想了千条路，白天又去走原路，要创业，就要有勇气。

这种"勇气"，是马云当年虽千万人吾往矣的孤胆，是连续4次创业失败仍然一路向前的豁达，是站在风云交汇处指点江山的豪情。

哪个企业家是等到环境好了以后再大展拳脚的？这"好"与"坏"之间，错过了多少失不再来的良机。

创业路上，这个世界推崇的，已不只是孤胆英雄的故事。既然一个人不能活成一支队伍，那就集结各方神圣，汇聚成超强气场的战斗兵团。

马云从小痴迷两件事，一是英语，一是武侠。他熟读金庸的武侠小说，他的阿里巴巴公司办公室，全是武侠小说里的武林圣地："光明顶""达摩院""桃花岛""罗汉堂""聚贤庄""半山亭""侠客岛"等等，甚至洗手间叫"听雨轩"。他那叫作"光明顶"的会议室，挂着金庸书写的："临渊羡鱼，不如退而结网"。

在所有的英雄故事里，马云最喜欢《笑傲江湖》里的风清扬。这个熟习"独孤九剑"，名列金庸小说中剑术达到最高境界的高手之一，不仅出手无招，而且还是教育培养了令狐冲的好老师。所以，马云自诩"风清扬"，因为他想做任何事，要把所有的招数在自己消化了以后很自然地出来，而且他自己也是老师出身，他最希望的是同事、学生能够超越自己。

"30% 的人永远不可能相信你。不要让你的同事为你干活，而让我们的同事为我们的目标干活，共同努力、团结在一个共同的目标下面，就要比团结在你一个企业家底下容易得多。所以，首先要说服大家认同共同的理想，而不是让大家来为你干活。"马云如是说。

事实上，阿里巴巴成功的背后，是一群任劳任怨的员工以及一群挥金如土的买卖双方。在马云看来，他们不可或缺，没有员工就没有阿里巴巴，也只有员工们开心了，买卖双方用户们才会开心，而用户们那些鼓励的言语又会让员工们像发疯一样去工作，这就形成了良性循环。在阿里巴巴纽交所上市的当天，8 位阿里巴巴的用户见证了上市历程，有 1999 年的会员也有 2007 年的会员，他们中有第一批见证阿里巴巴走向国际化的用户。从阿里巴巴最早的投资者到今天买入阿里巴巴股票的股民，阿里巴巴创造可持续的价值，带着长期的战略为股东创造坚持不断的增长。

不过，金庸送给马云的别号是"马天行"，意指天马行云但从不踏空。当初，马云如隔空打牛一般，在所有中国人都看不见、摸不着的互联网里，开辟了一条新征途。有人说马云有远见，能够瞄准未来热点；有人说马云铁腕，创业理念明晰，而且势在必行，可马云自己却说，很多伟人的巨大魅力来自他的平凡。

如今的马云，已过知天命之年，他一举一动、一言一行都是新闻。在公开的网络中，他的内部邮件、讲话和语录四处流传，又总是被浓墨重彩地刻画和被极端地解读。这个说着"今天很残酷，明天更残酷，后天很美好，但绝大部分是死在明天晚上"的草根英雄，既没有富爸爸，也没有有钱的亲戚，完全得靠自己。最初的最初，他跟所有的年轻人都一样，只是有一个关于中国电商市场未来的梦想，于是就开始努力。经年累月之后，马云特别想写一本"阿里巴巴1001个错误"和所有人分享，然而这其中的"1001个错误"的背后，意味着平方倍数的坚持和艰辛。

# ·陶华碧·

## 走向世界的中国女神

### ◎ 她只会写自己的名字

目不识丁，家境贫寒，早年丧夫，单亲母亲……似乎一个女人能够遇到的艰辛与苦难也不过如此了。生活的一个个巨浪迎面打来，躲也躲不掉，只能挺起腰板正面应对。好在，这个平凡却命运多舛的女人，在 41 岁之后，开启了财富大门，成为了走向世界的中国女神。

这个女人就是陶华碧。

也许，大家对"陶华碧"三个字并不怎么熟悉，但是如果说她是传说中那个让全中国人都热辣上瘾的女人，是不是能猜到几分呢？的确，这三个字等价于"老干妈"，就是占领国内外各大超市，成为中国最大辣椒酱企业掌门，甚至是众多海外游子怀念家乡味道的必备神器。

陶华碧是没上过一天学的女人，以前连自己的名字都不会写，因为当了董事长要经常签字，后来慢慢学会了写自己的名字。就是这样一个普通的农村妇女，通过自己的辛勤劳动白手起家，把中国的辣椒酱卖到全世界，创造身价31亿元神话。不贷款、不欠账、不上市、也不做广告的"老干妈"如何做到红遍全球的？

陶华碧是土生土长的贵州人，1947年出生的她从小在遵义的偏远山村长大。上世纪40年代的中国农村，接受教育的机会并不是每个人都能享受到的，尤其是深受重男轻女思想荼毒的地区，多的是大字不识一个的女娃娃。从未走进过学堂的陶华碧安分地在山沟沟里干着庄稼人的活计。

都说"湖南人不怕辣，四川人辣不怕，贵州人怕不辣"，在全国吃辣排行榜中，贵州人一直稳坐冠军宝座，一般贵州人家里，基本备有4种辣椒，有专门为荤菜配蘸水的辣椒粉，吃粉、面用的油辣椒，炒菜、炒饭用的泡菜类型的糟辣椒，炒菜时下锅煸炒的干红辣椒……贵州的辣，种类齐全，辣得刻骨铭心，让人想起来胃就会一阵绞痛，在贵州几怪中，有一怪就是"辣椒也是菜"，还有一道外地人打死也想不到的菜是"辣椒炒辣椒"。

从小给家人做饭的陶华碧也特别喜欢辣椒，用各种作料来调味，是料理家事的好手，当年青春尚好的陶华碧也是十里八乡的一枝花。20 岁那年，她遇见 206 地质队的一位会计，两人相恋结婚。小夫妻两个人，一个好强能干，一个老实巴交，还生了两个白白胖胖的男孩儿，日子开始过得红红火火。跟丈夫结婚后，陶华碧终于走出山村，先后过去崇江、贵阳。可惜好景不长，没过几年，陶华碧的丈夫就因病去世了。

丈夫病重期间，为了给丈夫治病，陶华碧曾到南方打工。第一次长时间在他乡生活的陶华碧遇到的首个问题就是吃不惯清淡口味的南方菜。因为生活窘迫，她也不可能像其他工友一样，常常到外面的川菜馆子里打牙祭，于是她就从家里带了很多辣椒做成辣椒酱拌饭吃。经过不断调配，她做出一种很好吃的辣椒酱，这就是现在"老干妈"仍在使用的基础配方。

不过，陶华碧的坚持还是没能救回丈夫的命。一个年轻的农村妇女，没有文化、没有一技之长，还带着两个嗷嗷待哺的孩子，这日子注定是望不到边的苦涩和艰辛了吧？

好在陶华碧没有向生活低头，没有收入的她开始寻思着做起米豆腐的买卖，以维持生计。所谓的"米豆腐"是贵州当地最常见的一种廉价凉粉，成本低，技术含量并不高。于是，陶华碧利用晚上的时间备料、制作，到了白天就用背篼背到龙洞堡的几所学校里卖。那时候的她想法很简单，丈夫临终前嘱咐她"要自带饭碗"，何况，她还有两个孩子要养活。

　　虽然制作米豆腐的技术含量较低，但是对于当时的陶华碧而言，也是一份十分辛苦的活计。原来，因为交通不便，做米豆腐的原材料最近也要到 5 公里以外的油榨街才能买到。每次需要采购原材料时，陶华碧就背着背篼，赶最早的一班车到油榨街去买。又因为那时车少人多，背篼又占地方，驾驶员经常不让她上车，她大多数时候只好步行到油榨街，买完材料后，再背着七八十斤重的东西步行回龙洞堡。来回 10 多公里的山路，还有相当于自己体重的负重，每一趟的采购之路都很难走。制作米豆腐的原料是有腐蚀性的石灰，因为常年接触，所以陶华碧的双手一到春天就会脱皮。

　　尽管是小本生意，但是因为陶华碧的米豆腐物美价廉，生意渐渐有了起色，又因为平时生活开销十分节省，于是她的手头上开始有些盈余。到了 1989 年，陶华碧她开始第一次扩大"经营规模"。

　　说起来也是略尴尬，所谓的扩大规模实际上是用捡来的半截砖和油毛毡石棉瓦，一夜之间搭起了能摆下两张小桌的"实惠饭店"。搁现在得算是违章建筑了，可在当时，这家坐落于贵阳市南明区龙洞堡贵阳公干院的大门外侧的路边摊，总算为陶华碧一家三口撑起了一片可以遮风挡雨的屋宇。

　　在"实惠饭店"，陶华碧用自己做的豆豉麻辣酱拌凉粉，很多客人吃完凉粉后，还要买一点麻辣酱带回去，甚至有人不吃凉粉却专门来买她的麻辣酱。一开始，陶华碧对于自家麻辣酱的影响力并不在意，甚至还将豆豉辣椒、香辣菜等小吃和调味品免费送人。

上个世纪 90 年代初，贵阳修建环城公路，昔日偏僻的龙洞堡成为贵阳南环线的主干道，途经此处的货车司机日渐增多，他们成了"实惠饭店"的主要客源，她免费赠送自家制作的豆豉辣酱、香辣菜吸引了一大批慕名而来的司机。货车司机们的口头传播显然是最佳广告形式，"龙洞堡老干妈辣椒"的名号在贵阳不胫而走，很多人甚至就是为了尝一尝她的辣椒酱，专程从市区开车来公干院大门外的"实惠饭店"购买。对于这些慕名登门而来的客人，陶华碧都是半卖半送，但渐渐地来的人实在太多了，她感觉到"送不起了"。

直到有一天早晨，陶华碧起床后感到头很晕，就没有去菜市场买辣椒。谁知，顾客来吃饭时，一听说没有麻辣酱，转身就走。她关上店门去看看别人的生意怎样，走了 10 多家卖凉粉的餐馆和食摊，发现每家的生意都非常红火。陶华碧找到了这些餐厅生意红火的共同原因竟是都在使用她的麻辣酱。

此时，陶华碧开始有所顿悟，机敏的她一下就看准了麻辣酱的潜力，潜心研究起来……近乎本能的商业智慧第一次发挥出来，于是就有了她人生中的第二次经营扩张，她白天依然开着"实惠饭店"，晚上在店里用玻璃瓶包装豆豉辣椒，一直忙到早晨 4 点。

然后睡上两个小时的囫囵觉，6点又起床开门营业。

人的生命似洪水在奔流，不遇着岛屿、暗礁，难以激起美丽的浪花。也许，我们可以用事后诸葛亮的心态，对陶华碧的这次重点转移怀有一种"终于"的欣喜，但是在当下，这幅度不大的转身背后也都充斥着纠结、担忧和惶恐。改变是不易的，但是如果不改变，何以能够看到不一样的焰火？顺境中的好运，为人们所希冀，而逆境中的好运，则为人们所惊奇。所幸，彼时一无所有的陶华碧把握住了这份上天的善意。

经过一段时间的经营，陶华碧的生意越来越红火，不过销量最高的还是她自制的麻辣酱。最后，陶华碧干脆把"实惠饭店"的招牌撤了，换成"贵阳南明陶氏风味食品店"，辣椒酱系列产品开始成为这家小店的主营产品。

尽管调整了产品结构，但小店的辣椒酱产量依旧供不应求。龙洞堡街道办事处和贵阳南明区工商局的干部开始游说陶华碧，放弃餐馆经营，办厂专门生产辣椒酱，但被陶华碧干脆地拒绝了。

陶华碧的理由很简单，她放不下常来店里吃饭的这帮学生们。当街道干部跟她提起这个话题时，陶华碧每次都哭得一塌糊涂。

原来，因为陶华碧做的米豆腐价低量足，吸引了附近几所中专学校的学生常常光顾。久而久之，就有不少学生因为无钱付账，赊欠了很多饭钱。陶华碧通过了解，对凡是家境困难的学生所欠的饭钱，一律销账，如果碰上钱不够的学生，食物分量不仅没减反还额外多些。

事实上，"老干妈"这个名号也是这些穷学生们开始叫起来的。尽管自己的生活充满艰辛，但陶华碧却常常接济附近一所学校的贫困生。感激之下，受资助的贫困学生叫她"干妈"，久而久之，周围的人们也都亲切地叫她"老干妈"。她最担心的是，如果饭店关门了，这些孩子们可怎么办啊？

令陶华碧意想不到的是，大家希望她创办麻辣酱厂的呼声越来越高，不仅仅是当地政府部门的干部，还有与自己的"实惠饭店"相毗邻的店家们。因为自从陶华碧意识到自制麻辣酱的神奇效应后，她就不向周边的商家单独出售麻辣酱了，这让很多店家十分苦恼，也都希望陶华碧干脆直接开办个加工厂得了。到最后，连颇受陶华碧照顾的学生们都参与到游说"干妈"的行动中。

就这样，在多方的极力劝说下，1996 年 7 月，陶华碧舍弃了苦心经营多年的餐厅，她租借南明区云关村委会的两间房子，招聘了 40 名工人，办起了食品加工厂，专门生产麻辣酱，定名为"老干妈麻辣酱"。

既然要办厂，就得办出个样子来。虽然陶华碧目不识丁，但她倒是很有底气，她自认没有文化，所以就一心研究技术。对于这个朴实的农村妇女而言，技术就是尚方宝剑，只要有一技之长，走遍天下都不怕。当初开始卖米豆腐时，她就想着与众不同，改良传统的制作方法，让自家做出的米豆腐可以直接下锅翻炒，开创新菜式。后来，办起了"实惠饭店"，陶华碧自己当起的掌勺大厨，烹煮煎炸样样会，虽然是野路子出身，但是在方圆十里内，也是响当当的好手。现在专职制作辣椒调味品，"老干妈"总是比别人的产品口味独特，别人的香，而且样样货真价实。

就这样，国民女神开启了麻辣创业之路，殊不知，这仅仅是迈出的第一个步子，此后还有诸多沟沟坎坎正等着她……

## ◎ 把辣椒当作苹果切的日子

刚刚成立的"老干妈"辣酱加工厂，说穿了是一个只有40名员工的简陋手工作坊，没有生产线，全部工艺都采用最原始的手工操作。这些工序中，大家都不愿意做的苦差事，就是捣麻椒、切辣椒。说起这其中的艰辛，最初一批的员工都还记忆犹新。捣麻椒、切辣椒可不是好玩儿的，随着刀起刀落，溅起的飞沫把眼睛辣得流泪，擦也擦不得，只能强忍着，甭提多难受了。

看着员工们为难的样子，陶华碧二话不说，挽起袖子就自己动起手来。她一手握一把菜刀，两把刀抡起来上下翻飞，嘴里还不停地说："我把辣椒当成苹果切，就一点也不辣眼睛了，年轻娃娃吃点苦怕啥。"

在老板的带头下，员工们也纷纷拿起了菜刀"切苹果"。而陶华碧身先士卒的代价是肩膀患上了严重的肩周炎，10个手指的指甲因长期搅拌麻辣酱现在全部钙化了。

目睹老板的亲力亲为，员工们都挺感动的。不过在陶华碧看来，这点儿苦根本算不了什么。毕竟事业刚刚起步，她自己又没什么实战经验，要养活一大帮子人实在不容易。彼时，她的工厂麻雀虽小，产供销等"五脏六腑"却样样俱全，几十个工人要治理不说，还要应对各种事务。

大字不识一个的她只能用最"老实"的办法——自己身体力行。老板率先垂范，员工们自然会像模像样地紧随其后。更重要的是，陶华碧真心把员工们当成自家人，从不对犯错的员工横加责备，她也希望员工们把加工厂当作自己的事业。

作坊时代的"老干妈"虽然产量很小，但光靠龙洞堡周边的凉粉店已经消化不了，她必须开拓另外的市场。这时，陶华碧第一次感受到经营的压力。

不过，对于开弓没有回头箭的陶华碧而言，她不得不想方设法解决当时的窘境。于是，她一如既往地从最笨的办法开始做起——用提篮装起辣椒酱，走街串巷向各单位食堂和路边的商店推销。

　　一开始，食品商店和单位食堂都不肯接受这瓶名不见经传的辣椒酱，陶华碧跟商家协商将辣椒酱摆在商店和食堂柜台，卖出去了再收钱，卖不出就退货，商家这才肯试销。一周后，商店和食堂纷纷打来电话，让她加倍送货。她派员工加倍送去，竟然很快又脱销了。

　　当然，"老干妈"之所以能迅速吸引回头客，最终还是质量取胜。为了追求极致的品质，陶华碧做到了"品味虽贵必不敢减物力"的加工工艺，在原材料把控也做到严格到苛刻。就说制作麻辣酱最最重要的原材料辣椒，陶华碧就只选择遵义生产的辣椒。这不仅因为她本身是地道的遵义人，更是因为遵义辣椒质量较好，曾经为出口免检产品，而且，陶华碧对收购的食材也有自成一体的严格标准，当地种植户给她的辣椒全部要剪蒂，一只只地剪，这样，剪过的辣椒再分装就没有杂质了。合作多年的农户都知道陶华碧的个性，所以给她的辣椒，却谁也不敢大意，只要出一次错，以后再想与她打交道就难了。

　　解决了产品质量和销路的问题，接踵而来的就是包装的问题了。销路慢慢打开之后，陶华碧很快就发现，她找不到装辣椒酱的合适玻璃瓶。于是，她就找到贵阳市第二玻璃厂，但当时年产1.8万吨的贵阳二玻根本不愿意搭理这个要货量少得可怜的小客户，拒绝了为她的作坊定制玻璃瓶的请求。

耿直的陶华碧当然直接无视贵阳二玻厂长的拒绝, 放话要是不给瓶子, 就赖着不走了。经过好几个小时的软磨硬泡, 陶华碧依然没有放弃的意思。贵阳二玻厂长只能无奈地摇摇头, 最后和她"约法三章"——玻璃厂允许她每次用提篮到厂里捡几十个瓶子拎回去用, 其余免谈。得到这句允诺, 陶华碧还是很高兴的, 毕竟没有空手而归。

当时谁也没有料到, 就是当初这份万分勉强的"君子协议", 日后成为贵阳第二玻璃厂能在国企倒闭狂潮中屹立不倒, 甚至能发展壮大的唯一原因。"老干妈"的生产规模爆炸式膨胀后, 合作企业中不乏重庆、郑州等地的大型企业, 贵阳二玻与这些企业相比, 并无成本和质量优势, 但陶华碧从来没有削减过贵阳二玻的供货份额。现在"老干妈"60% 产品的玻璃瓶都由贵阳第二玻璃厂生产, 二玻的 4 条生产线, 有 3 条都是为"老干妈"24 小时开动。

经过整整一年的折腾,"老干妈麻辣酱"经受住了市场的检验, 在贵阳市稳稳地站住了脚, 而且有杀出贵阳的势头。已经稍微摸到市场规律的陶华碧野心初显, 索性再次扩展范围, 直接把工厂办成了公司。

1997 年 8 月, 贵阳南明老干妈风味食品有限责任公司成立, 工人增加到 200 多人。员工人数增长了 5 倍, 身为老板的陶华碧身上的担子自然也沉重了许多, 此刻, 她要做的不再仅仅是带头剁辣椒，财务、人事各种报表都要她亲自审阅，工商、税务、城管等很多对外事务都要应酬，政府有关部门还经常下达文件要她贯彻执行。除此之外，她还要经常参加政府主管部门召开的各种会议，有时还受命上台发言。

这些多出来的事务让陶华碧很是头疼，她最大的难题并不是生产方面，而是来自管理上的压力。如果说是切辣椒、调配料，再苦再累她都认了。可是审阅报表、开会发言对于她来说，简直是比登天还难了。

自己搞不定的活计只有另找"外援"了。按照陶华碧的选人标准，唯一的条件就是忠厚老实、吃苦耐劳，能把工作当成自己的事，能把公司当成自己的家。没有条条框框的硬性门槛，只是从道德人品的角度出发，似乎有些"仁者见仁，智者见智"的任性。可具体该请什么样的能人呢？她想来想去，把自己的长子李贵山当作了比较的标准。

当时，从部队转业到 206 地质队汽车队工作的李贵山得知她的难处后，就曾主动要求辞职来帮母亲。虽然此时的陶华碧已是小有名气的生意人，但她还是觉得李贵山辞掉"铁饭碗"来帮助她是"秀才落难"，故极力反对。无奈之下，李贵山只能先斩后奏，先辞掉工作再找到陶华碧，成为"老干妈"的第一任总经理。

新官上任，李贵山首先要做的就是帮陶华碧处理文件。其实，陶华碧虽然不识字，但是她的记忆力和心算能力惊人，财务报表之类的东西她完全不懂，"老干妈"也只有简单的账目，起初由李贵山念给她听，她听上一两遍就能记住，然后自己心算财务进出的总账，立刻就能知道数字是不是有问题。对于重要的文件，也是李贵山一字一句地念给她听，听到重要处，陶华碧会突然站起来，用手指着文件说："这个很重要，用笔划下来，马上去办。"

需要签字的文件，陶华碧照着电视剧里常演的画押法，在右上角画个圆圈。不过，李贵山觉得这样很不安全，于是他在纸上写下"陶华碧"三个大字，让母亲没事时练习，她像小孩子描红一样一笔一画地整整写了3天，才勉强写下来。当她终于"描"会了自己的名字时候，总算松了口气，直道这写字比剁辣椒难。直到现在，"陶华碧"是陶华碧认识的仅有的3个字。

正如"老干妈"这个亲切感十足的品牌名称，陶华碧的处事风格也是如妈妈般春风化雨。说到底，她也不懂什么新潮的管理理念，也没有高深的经济策略，她只知道，无论是老板还是员工，大家的目标都是一样的，就是把加工厂的效益搞上去，增加经济收入。

直到后来，掌控产值数十亿的企业，陶华碧依然不改初心，全凭感情管理。如果员工结婚她免费提供车，还当证婚人，所有员工包吃包住，凡是在"老干妈"工作过的员工，辞职也好离职也罢，在社会上混得不好，可以随时回来上班。

同样，这份"实诚"也贯穿陶华碧创办实业始终。老干妈最看重的就是自己的名声。刚刚开始卖豆豉辣椒时，她就用上了天平，因为她觉得就是小数点之后的克数也不能随便，一定要给足量。甚至更早之前卖米豆腐的时候，每个月月初都会穿双布鞋，从龙洞堡走路到油榨街去缴税。

自从老干妈风味食品有限责任公司创办以来，老干妈产品合格率一直保持着100%。有一年，有一家新合作的玻璃制品厂给"老干妈"公司提供的包装瓶产品封口不严，导致漏油现象。一些对手企业马上利用这事攻击"老干妈"。有人就建议把这批货追回重新封口。可陶华碧就不干了，把追回的货全部当众销毁，一瓶不漏。在这件事上，老干妈说一不二，十分决绝，因为这可是关乎整个企业的名声啊！

在十一届全国人大五次会议上，陶华碧当着全国人民的面表示："'老干妈'3年缴税8个亿，实现31亿元人民币的产值，带动两百万农民的致富，我还是按照我的知识来办事。"

一个没上过一天学的农村妇女，她所依仗的"知识"虽然浅显，却是基本的道德底线。这个特别传统的中国妇女，她创业的原动力只不过是想养家糊口，她没有上市公司老板们的雄心壮志，只是单纯地想做好每一罐贴有自己商标的麻辣酱。

如今，老干妈的产品已经覆盖全国各地，并远销欧盟、美国、澳大利亚、新西兰、日本、南非、韩国等 20 多个国家和地区，一举改变了辣椒产品局限于嗜辣地区的传统。陶华碧依然是公司里的"技术总监"，为了保持灵敏的味觉和嗅觉，她不喝茶、不喝饮料。不管什么产品，只要一闻一尝，就晓得哪种配料没放对。

　　一件事，脚踏实地地做到精致了，这就是一种哲学。

## ◎ 从"老大妈"到"老干妈"

　　从 1989 年开办"实惠饭店"，到 1997 年成立老干妈风味食品有限责任公司，不到 10 年的时间里，陶华碧实现了人生中从单亲妈妈到企业老总的华丽变身。"老干妈"三个字响彻国内外，已经成为陶华碧的最大成就。

　　曾经有个位香港客商来"老干妈"公司考察，他对陶华碧十分敬仰，拿出自己的名片想和她交换。没想到，陶华碧却摇摇头，说自己从来不用名片。那位客商很是惊讶，直感慨这是他过见过的唯一没有名片的董事长。陶华碧却是自信满满："全国各地能吃辣椒的人有几个没吃过'老干妈麻辣酱'？'老干妈'不就是最好的名片吗？"

　　如此的自信并非空穴来风。随着企业的发展，"老干妈"的品牌广为人知，但是，"人怕出名猪怕壮"，李逵终究遇到了李鬼。

　　从1997年开始，全国各地市场上，竟然每年都有50多种假冒"老干妈"，假货遍及贵州、湖南、四川、陕西、甘肃等地。这些假冒产品极大地打击了"老干妈"原有的市场份额，"老干妈"一度被逼到生死存亡的关头。

　　这一刻，走亲和路线的"老干妈"也怒了。陶华碧最终于对这事不再"讲感情"了，而是开始花大力气打假。她派人四处卧底观察，但假冒的"老干妈"就像韭菜一样，割了一茬又一茬。最后，陶华碧自己都亲自上阵打假，但是因为假货太多、四处奔波，陶华碧顾不上吃饭，她就买两个馒头，用自家的豆豉辣椒拌着吃。造假者四处隐藏，为了找到证据，半夜三更也要出去侦查。在所有的假冒者中，湖南华越食品公司生产的"老干妈"最为"理直气壮"，因为他们有"合法"的注册商标。

　　这是怎么回事呢？

　　原来，从1996年开始到1998年，陶华碧的"老干妈"多次向国家工商局商标局商标注册申请。可是，均以"'干妈'为普通的人称称谓，故老干妈用作商标缺乏显著特征"的理由被驳回，可是，在陶华碧"老干妈"之后出现的华越公司，除了瓶贴上陶华碧的头像被换成了"刘湘球"的老太太头像、生产商为唐蒙食品厂与华越公司外，其余装潢包装甚至老干妈公司专门请人题写的"老干妈"字样，均原封不动照搬正品"老干妈"的设计。如此明显的"生搬硬套"竟在1998年第一次申请商标注册就获得成功。

看着几乎以假乱真的"刘湘球老干妈"，陶华碧高声疾呼："我才是真正的'老干妈'！"于是，她不依不饶的与湖南这家"老干妈"打起了官司，一打就是3年。

马拉松似的诉讼一直持续到2001年3月20日，北京市高级人民法院终于判决华越食品有限公司停止在风味豆豉产品上使用"老干妈"商品名称、停止使用与贵阳"老干妈"公司生产的"老干妈"风味豆豉瓶贴相近似的瓶贴、赔偿贵阳"老干妈"公司经济损失40万元、在一家全国发行的报纸上向贵阳"老干妈"公司致歉。终审判决两年多后，国家商标局于2003年5月21日裁定："老干妈"首先由贵阳"老干妈"公司使用于其生产的风味食品，核准注册贵阳"老干妈"公司的"老干妈"商标，驳回华越公司注册"老干妈"商标的申请。撤销华越食品公司注册的"刘湘球老干妈及图"商标。该诉讼，却在经济界和法律界引起了不小的轰动，和王蒙等六大作家诉世纪互联著作权案、北大方正"陷阱取证"案、奥林匹克五环标志案等被并称为北京高院知识产权十年经典案件。

虽然打假之战告一段落后，各地"老干妈"的仿冒品依然屡禁不止，但是毕竟贵州"老干妈"渐渐走上了规范化的经营道路。明眼人都知道，这支效益突显的正规军背后，不可能只有陶华碧一个人在运作。有人说，"老干妈"的管理团队大概是中国目前大型企业中最神秘的一支，陶华碧对他们的一个要求就是不能接受外界采访。坊间对这支团队的评价大致为：忠诚、勤勉、低调。

最初，这支管理队伍的建立，离不开长子李贵山的协助，陶华碧制订了公司最原始、带着浓厚乡土气息的规章制度，宽严并济，赏罚明确。所谓的规章制度其实非常简单，只有一些诸如"不能偷懒"之类的句子，更像是长辈的教诲而非员工必须执行的制度。这份浅显近乎直白的规章制度在"老干妈"实行了10余年，条文一个字也未曾改过，公司内部一点纰漏也未曾出过。效用如此明显，全靠"老干妈"凭借既朴实又管用的"杀手锏"：实施治理亲情化，自始至终对员工进行"感情投资"。

在陶华碧的公司，没有人叫她董事长，全都喊她"老干妈"，公司2000多名员工，她能叫出60%的人名。员工出差，她像送儿女远行一样亲手为他们煮上几个鸡蛋，一直送到他们出厂坐上车后才转身回去。每个生日的员工，都能收到她送的礼物和一碗长寿面加两个荷包蛋。如果是结婚，她还会亲自当证婚人。

在员工福利报酬的制订上，陶华碧斟酌到公司地处偏远，交通不便，员工用饭难，她决定所有员工一律由公司包吃包住……这么庞大的企业，一直这样实施全员包吃包住，全凭陶华碧狠下

"血本"才能坚持了下来的，不得不让人佩服。

堂堂一个大企业的董事长，能这样从细微之处关怀每个员工，谁能不心甘情愿地追随她呢？这种亲情化的"感情投资"，使陶华碧和"老干妈"公司的凝集力一直只增不减。在员工的心目中，陶华碧就像妈妈一样可亲可爱可敬。公司的员工来自五湖四海，生活习惯不同，他们天天吃、住、劳动、生活都在公司，时间久了，相互间难免发生摩擦，但只要陶华碧一出面，问题就迎刃而解。就这样，公司全体员工在她"亲妈妈"一样的庇护下，团结一心的为"老干妈麻辣酱"的发展拼搏起来……到2000年末，只用了3年半时光，"老干妈"公司就迅速壮大，发展到1200人，产值近3亿元，上缴给国家的税收有4315万元。

不过，随着企业的日益壮大，陶华碧深知只有儿子帮助是不够的。于是，时隔不久，她又招聘了一个具有本科学历的青年。这回，老干妈倒是"狡诈"了一回。她原来招聘这个本科生是想让他当办公室主任，但她却没有马上任命，而是先让他在公司里做杂活。然后，她又派他到全国各地去打假、考察市场，直到半年后，她才任命他作办公室主任……这个人，就是如今"老干妈"公司里第三号人物王海峰。后来，陶华碧又把公司的管理人员轮流派往广州、深圳和上海等地，让他们去考察市场，到一些知名企业学习先进的管理经验。

"我是老土，但你们不要学我一样，单位不能这样。你们这

创业，只要开始就不会结束

些娃娃出去后，都给我带点文化回来。"陶华碧如是说。

话虽如此，但是有些"土"法子是陶华碧一直坚持的。

2003 年，一些政府领导曾建议陶华碧公司借壳上市，融资扩大公司规模。这个在其他企业看来求之不得的事情，却被陶华碧一口否决。有官员感叹，和"老干妈"谈融资搞多元化，比和外商谈投资还要难。陶华碧的回答却十分实在，她说"什么上市、融资这些鬼名堂，我对这些是懵的，我只晓得炒辣椒，我只干我会的。"

她最坚持的一件事就是"现款现货"，无论是收购农民的辣椒还是把辣椒酱卖给经销商，陶华碧从不欠别人一分钱，别人也不能欠她一分钱。从第一次买玻璃瓶的几十元钱，到现在日销售额过千万，她始终坚持这一原则。"老干妈"没有库存，也没有应收账款和应付账款，只有高达十数亿元的现金流。

在外界看来，这简直就是世界商业史的奇迹。"老干妈"如此实诚到底的霸气估计在商业界里找不到第二家了。现金流好到爆，所有的业务顺势而为，有钱就扩张没钱就慢慢做，根本不需要融资，甚至国家的贴息贷款也都不要。有多大本事就做多大的事，踏踏实实做，不欠别人一分钱，这样才能持久。

在当下浮躁的情绪中，许多企业家急着融资、忙着敛财，很多企业老板试图减少成本，以提高企业利润，减少企业损失，甚至不惜偷工减料，其结果是中国消费者宁愿花更高的价格也要购买外国产品，让"中国制造"陷入更大的旋涡当中。

朴实的老大妈，带着麻辣的"老干妈"，从容且踏实地迈着步子，最终总能以中国女神的姿态，走向世界。

# 完美转身

## 努力很重要，选择更重要

Chapter 3

## ——·刘永好·——

## 比别人快半步，穿越窄门

### ◎ 卖鹌鹑蛋的人民教师

30岁，是道似难非难的坎。迈进这个门槛，在"而立"与"不惑"之年的中间，上有老、下有小。一边是生活的重担，另一边是憧憬与期待，心不甘、情不愿，总想腾些空间让自己努力。

30岁的刘永好，远没有如今的成熟与老练。在这道坎之前，刘永好只是个清贫的教书匠，想着的是微不足道的工资如何精打细算，盘算着的是何时让老婆烧个回锅肉打打牙祭。30岁之后的刘永好，下海、经商、办企业……被冠以"大王"的头衔。

从教书匠到大亨，恰逢时代变革的刘永好，带着开天辟地的姿态，走出了一条机遇与挑战并存的成功之路。

创业，只要开始就不会结束

1966 年，作为年仅 15 岁的刘永好为了跟着老师去北京接受毛主席检阅，特地挑了一件家里最好的呢子衣服。衣服是父亲土改的时候在地摊上买来的，据说还是英国进口的毛料，在父亲和 3 个哥哥手中辗转了 17 年后到了刘永好的手中，刘永好把它当成了宝贝。对于当时的他而言，最大的目标是拥有一双新鞋和一辆自行车，而最好的工作就是进入当地的工厂当一名工人，那样自己就可以衣食无忧了。

两年后，17 岁的刘永好插队到了成都市郊的新津县古家村，当地没水没电、缺医少药，连一条完整的公路都没有，刘永好一天的工分是 1 角 4 分钱。在那里，刘永好当了四年零九个月的知青，与农民结下了不解之缘。那时的他，最盼望的事是吃上红薯白米饭。

如果不是 1977 年的高考，刘永好几乎就是个每天做着白日梦的吃货了。尽管当时上大学的升学率只有 3% 左右，但刘永好还是考上了，就这样，他从农民兄弟的路子走到了知识分子的路子上。

大学毕业之后，刘永好来到四川机械工业管理干部学校当了一名教师。与此同时，他和学校的校医李巍相爱结婚了。当时两人的工资加在一起正好 79 元，日子过得也不宽绰，不过刘永好"本色不改"，当时他最希望的事儿，就是每周都能够吃上一顿回锅肉。

可要吃上这每周一顿的回锅肉似乎并不容易。

刘永好家共有 4 个兄弟，此时，他的大哥刘永言已从成都电讯工程学院毕业分配到成都 906 厂计算机所工作；二哥刘永行从成都师范专科学校毕业后到了县教育局工作；三哥刘永美从四川农业学院毕业后在县农业局当农技员。

这样的家庭成分搁现在，可是名副其实的干部家庭，个个都是"铁饭碗"。可是，就在 1980 年春节，二哥刘永行为了让哭闹着要吃肉的 4 岁儿子能够在过年时吃上一点肉，从大年初一到初七，在马路边摆了一个修理电视和收音机的地摊。短短几天里他竟然赚了 300 元，相当于他当时 10 个月的工资。

这个插曲瞬间让刘家四兄弟看到了致富的秘密武器。他们盘算着是不是可以办一家电子工厂呢？

这可不是老刘家四个小伙子想钱想疯了的异想天开。要知道，对于学计算机的老大刘永言、学机械的刘永好以及会修理家用电器的刘永行来说，生产电子产品并不是难事。

果不其然，他们的智慧结晶很快问世了，还起了个名字叫"新意音响"，中国第一台国产音响就这么诞生了。无意中拿了个历史"第一"，四兄弟也都很兴奋。技术有了，接下来就是生产的问题了。于是，刘永好拿着音响来到乡下，想和生产队合作，他们出技术和管理，人家出钱，工厂一人一半。可万万没有想到的是，这个事情报到公社之后，公社书记一句"集体企业不能跟私人合作，不准走资本主义道路"就让刘氏兄弟们的美梦胎死腹中。

第一次出师不利，让刘氏兄弟很是郁闷，便寻思找一找其他的赚钱门路。之后有一年，吃完年夜饭，兄弟4个偶然议论起来，现在的鹌鹑蛋真卖得起价钱，鸟蛋那么大小，居然比鸡蛋还贵，而且供不应求，许多农民因此走上致富之路。

聊到这里，大家灵光一闪，咱们也养鹌鹑！

就这样，四兄弟顺利地从"科技新贵"转型到"养殖大户"，在位于新津的农村老家养起了鹌鹑，连刘永好成都家的阳台上，也搭了饲养棚养了300多只鹌鹑。每天课间休息时，妻子都要赶回家去，给鹌鹑清理粪便。嘈杂的声响和难闻的气味让邻居们都议论纷纷，总觉得这一个教师、一个医生在单元楼上养鹌鹑实在太不像话了。

更不像话的是，养好了总得卖吧？鹌鹑蛋越下越多了，刘永好就跟着二哥刘永行跑市场，沿街叫卖。不巧碰上他教的一些学生，刘永好觉得面子上挂不住，窘迫地把头埋得低低的，晚上回到家里也无精打采。

卖鹌鹑蛋的刘老师在邻里和学校里都出了名。

"永好，抬起头来！甭管别人怎么看、怎么想。经商并不下贱，在西方社会，衡量一个男人成功的标准，还要看你能挣多少钱呢……"看到闷闷不乐的刘永好，妻子总是温柔地鼓励他。

在当时那个吃着大锅饭的年代，这番论调也算是惊人之语了。在妻子的支持下，刚过而立之年的刘永好做出了当时让周围人都很惊讶的决定——辞去公职。

改变是不易的，尤其是"砸锅卖铁"式的改变。扔掉铁饭碗，走到体制外，无论结果如何，这本身就需要勇气。公职似乎一直是座"围城"，外面的人想进来，他们看到的是福利待遇、体面安稳；里面的人想出来，因为不愿意忍受低工资，因为还有对更广阔前途的向往，而刘永好选择了后者，他的人生之路也因此彻底改变了。

想与此前的岁月诀别，总得有个诀别的姿态。

刘永好四兄弟扩大鹌鹑生意的规模，开起了良种场。没什么家底的四人变卖了手表、自行车等家中值钱的物件，凑起1000块钱作为创业基金。三哥刘永美率先停薪留职，下乡当起了"育新良种场"的场长，主营业务是孵小鸡、养鹌鹑和培育蔬菜种。没有孵化箱，他们到货摊上收购废钢材，然后到工厂租用工具自己来做。为了建厂房，刘永好从成都买回一拖拉机旧砖，由于道路狭窄，拖拉机无法进村，旧砖被卸到了两公里之外。刘永好带头手抱肩扛，愣是把一车砖给搬了回去。

眼看着就要苦尽甘来了，老天爷却又给刘永好开了个大玩笑。

一天，一个专业户找到他们下了10万只小鸡的订单，这可是笔大买卖！被冲昏了头的刘氏兄弟马上借了一笔数额不少的钱，购买了10万只种蛋。但他们万万没有想到的是，2万只小鸡孵出来交给这个专业户之后不久，他们便听说这个人跑了。他们去追款，发现交给这个专业户的 2 万只小鸡，一半在运输途中闷死了，一半在家里被大火烧死了，对方已经是倾家荡产。

走投无路之下，兄弟四人连夜动手编起了竹筐，决定把种蛋和小鸡卖给城里人。于是，他们每天凌晨 4 点就起床，蹬 3 个小时的自行车，赶到 20 公里以外的农贸市场，再用土喇叭扯起嗓子叫卖，最终 8 万只鸡仔竟然全部卖完了！

也许这才是人生的常态，没有逼到悬崖边上，谁都不知道自己的潜力有多大。当坚持到不能再坚持，执着到不能再执着的时候，事情没准就水到渠成了。

经过了一次无妄之灾，兄弟几个的良种事业越来越顺手。他们开始用电子计算机调配饲料和育种选样，并且摸索出一条经济实用的生态循环饲养法：用鹌鹑粪养猪、猪粪养鱼、鱼粪养鹌鹑，使得鹌鹑蛋的成本降低到和鸡蛋差不多。

到了 1986 年，育新良种场已经年产鹌鹑 15 万只，鹌鹑蛋不仅卖到国内各个城市，而且冲出亚洲走向了世界。刘永好则在这个过程当中实实在在地显露了他的销售才能。

他在成都青石桥开了一个鹌鹑蛋批发门市部，后来生意越做越大，又在成都最大的东风农贸市场开了一家奇大无比的店，每天都堆放着数十万只蛋，近的是重庆、西安，远的是新疆、北京，还有老外的订单。那时候，刘永好的批发门市部成了全国鹌鹑蛋批发中心。在他们带动下，整个新津县有三分之一的农户养鹌鹑，最高峰的时候全县养了1000万只鹌鹑，比号称世界鹌鹑大国的德、法、日还要多，是当之无愧的世界鹌鹑大王和世界鹌鹑蛋大王。1986年，刘氏四兄弟决定用一个充满美好前景的词来重新命名自己的养殖场——"希望"。

从1982年春节的1000元起家，到了1988年，仅过了6年时间，他们四兄弟从种植、养殖起步，历经磨难，积累了1000万元并在80年代末期转向饲料生产。

随后的8年时间里，他们以自己的努力让企业滚雪球式地发展，创出了中国最大的本土饲料企业集团——希望集团。希望集团是中国100家最大的饲料生产企业的第一名，曾被中国国家工商局评选为全国500家最大私营企业第一名。

## ◎ 创业就是孤岛生存游戏

一个人的成长过程，恰似蝴蝶破茧成蝶的过程，在痛苦中的挣扎，意志得到锻炼。一个企业的成长也是如此，天将降大任于斯人也，必先苦其心志，劳其筋骨，饿其体肤，创业者光有激情和创新是不够的，它需要很好的体系、制度、团队以及良好的盈利模式。

刘永好说，做企业，就好像综艺节目中的孤岛生存游戏。有些人怕吃苦，倒下去了；有些人在独木舟上行走，没有踩好，倒下去了；有些人关键时候跑不动，被老虎、狮子吃了……

何为适者生存？弱肉强食，成王败寇，立竿见影。

丛林法则在中国并不少见。渔阳鼙鼓，项羽入关，赤眉之乱，董卓之乱，永嘉之祸，江陵之焚，安史之乱，黄巢之乱，靖康之耻，崖山之殉，闯王之乱，太平天国，其遵循者皆为丛林法则。成就一番事业之人，哪里有安稳顺遂、一蹴而就可言？

正当刘永好的希望集团风生水起之时，新津县的养殖专业户们刚好背靠大树好乘凉，他们小兵团作战，使用刘氏兄弟的饲料和农具，在孵化率、产蛋率和饲料转换率三项指标上都比刘氏兄弟高出 2% 到 3%。在家禽养殖和家禽饲料方面，刘氏兄弟不愿意和身边的农民兄弟短兵相接，以免造成两败俱伤，这时候，他们想到了将产品升级，转战猪饲料市场。

如此"让利"，刘永好心甘情愿。在他看来，在企业自身发展的过程中，要做的是带动其他农民也富裕起来，而不是去抢了人家的饭碗。经商以"利"为利，但是有"利"，也要有"益"，所谓"益"就是让其他农民得利，就不能让原有体系的农民丧失了生存的能力和价值。

当然，转换战场，必定会遇到更强劲的对手。

当时，中国猪饲料市场的龙头老大是名为"正大"的外资饲料公司。正大的饲料虽然价格奇贵，但因为对猪的增肥效果奇好，所以，农民购买正大饲料还需要排长队。

前有强敌，刘永好自然不会掉以轻心。

1987 年，希望饲料公司在古家村买了 10 亩地，投资了 400 万元，建立了希望科学技术研究所和饲料厂，又投入 400 万元作为科研经费，找了国内外一批专家进行研制开发，同时将 10 万只鹌鹑全部宰杀。两年后，希望集团推出了自主研发的首款猪饲料，直到这时，擅长销售和市场推广的刘永好开始挥动"金手指"了。

他租了一台刻印机，请一个写字好的朋友写好广告语，还亲自到每家每户的猪圈都贴上。这种最原始的小广告竟然真的发挥了效用。只用了 3 个月的时间，希望牌饲料的销量就追上了正大公司的产品。

最终，经过一场激烈的价格战，希望牌饲料的销量狂涨了 3 倍，刘永好的市场营销策略打得正大公司既没有招架之功，又无还手之力。最后，正大公司主动找到刘永好，双方达成了协议——希望公司以成都市场为主，正大公司以成都之外的市场为主，这意味着正大饲料退出了成都市场。

成为新任的中国猪饲料市场霸主，刘永好并没有扬扬得意。因为在他看来，任何一个企业都会有一个生命的周期，不可能想象出一个企业的生命周期是 1 万年，到现在世界上最好的企业不过几百年。

打江山容易，守江山难。打江山的时候，兄弟齐心，有一个共同的目标就是君临天下，扬眉吐气，衣锦还乡。打下来之后呢？没有一个长远的规划，只会停滞不前，甚至功亏一篑。

已经小有成就的创业者要做的就是在有限的时间里尽可能做得更好一些，更强一些，做得时间更长一些。

"成功没有一个绝对的标准。有很多企业都说，我们要在多少年内达到世界 500 强，我听到很多这样的话。在 15 年内、10 年内、5 年内，我都听到过这样的话。可是，说这句话的企业都已经没有了。越是要达到世界 500 强，倒下去的速度就会越快，如果你不是脚踏实地朝着这个目标去做的话，往往就奠定了失败的基础。毕竟，你在进步的时候，别人也在进步。"刘永好清醒且直白。

"外患"前仆后继，只能一个个攻克，而"内忧"则不同，只要狠下决心，便能一劳永逸。

都说"清官难断家务事"，改革开放以来，家族企业不仅应运而生，而且蓬勃发展，成为中国经济发展的重要力量，但传统家族企业矛盾重重。有的企业聚集亲朋好友，任人唯亲，结果家族成堆，有拉帮结派、争权夺利的，也有握权不放、排斥人才的，还有心态不平、索求太多的，更有背叛家族、反目成仇的；也有的企业元老问题很复杂，有的能力不够、不思进取，有的居功自傲、牢骚满腹，有的私心膨胀、坑害企业，有的独霸一方、排斥人才；还有的企业，兄弟姐妹之间，为争利益、争权力、争股权，明争暗斗、对簿公堂，最终分家分厂。

刘氏兄弟之所以能够谱写一段奇迹，恰好在于他们根本不按普世的狗血剧本走，因为刘家根本就没有难断的家务事。

创业阶段，刘氏兄弟很少有不可调和的分歧，偶尔有几次，母亲在世的时候，最终由她来决断；母亲去世后，老大刘永言说话比较有分量，兄弟们的性格都是尊重真理，有事坐下来谈，谁有理听谁的。刘家有 4 个媳妇和一个女儿，四兄弟在一开始开了个"大男子主义和霸权主义味道十足"的会，一致通过了"让各自媳妇回家看孩子，今后不得参政议政"的决策，刘家内部没有乱七八糟的事。家和万事兴，从这一点来看，刘家兄弟不赢都没有道理。

后来，希望集团成立不久，按照兄弟 4 人的价值取向和各自特长，刘氏产业被划为三个领域：老大刘永言向高科技领域进军；老三负责现有产业运转，并且开拓房地产；老二刘永行和老四刘永好一起到各地发展分公司，复制"新津模式"。产业明确之后，就该划分产权。刘氏兄弟的分家实在"太不精彩"，兄弟四人丝毫没有在"创业之初投资多少"和"创业之时作用大小"等方面斤斤计较，他们选择了最简单的方式——平均划分资产，兄弟四人各占整个产业 25% 的股份。

创业期间产权极端模糊的刘氏兄弟在一夜之间划分得清清楚楚：老大刘永言创立大陆希望集团，老二刘永行成立东方希望集团，老三刘永美建立华西希望集团，而老四刘永好成立新希望集团。他们没有忘记自己的妹妹刘永红，也给了她一部分股份。这可以说是中国企业史上最精彩最完美的"亲兄弟，明算账"。

忧患意识极强的刘永好带领着希望集团走过了 30 多个春秋。经过岁月的千锤百炼，从不扬言争当世界 500 强的希望集团成为了毋庸置疑的大企业——将近 9 万名员工，有 400~500 个工厂分布在全国和世界各地。

可刘永好却说，转型势在必行！

大公司自有大公司的困难和压力，以前说规模越大，效益越好，越赚钱，现在不见得是这样，规模越大，人越多，成本越高，压力越大。

农业自古以来就是一个投入大利润薄的行业。许多与希望集团同时期创立的农牧企业要么倒闭，要么转行。新希望集团作为行业的龙头老大，也同时遭遇着各种意外事件对于公司的打击。

2013 年，四川雅安地震让新希望集团的养殖场、屠宰场受损严重，而同时出现的禽流感疫情，也重创了养殖业，拖累希望股价下跌。双重打击使得 2013 年，新希望集团 30 年来首次没有完成销售任务。

于是，站在年交易额千亿元门槛上的新希望集团在思考，如何从大公司转型为伟大的公司？

所谓的"伟大的公司"，不但要有规模，更要有社会责任，还要引领行业的发展，要创新和变革。所以，在5·12汶川地震、雅安地震发生时，先到现场的、第一个空投的、第一个捐赠上千万的都是新希望集团。

转型也意味着换血。刘永好提出每年要提拔30岁以下、到公司工作3年以上的大学本科生，要占到整个集团基层干部的20%。换句话说，5年以后，公司干部差不多全都是这批年轻人。而且实行MT计划，招揽各个大学的优秀学生，每年还会送一些学生到海外培训，包括新加坡、日本、美国，人数已经超过了3000人。

在各种新兴产业的裹挟下，有着自然风险的农业产业面临挑战，刘永好内、外功兼修，他为新希望集团寻找的另一个新的出路就是对外的扩张。在过去的几年，新希望在澳洲等地通过联合，或控股收购的方式，把土地、阳光、水经过加工变成全球市场和中国市场的产品。

毋庸置疑，在中国的商业巨头里，刘永好是农村色彩比较浓的一个，每年的中央一号文件出台后他都会受邀四处解读文件精神。虽然他并不是纯粹意义上的农村人，但是在这个人类最古老的行业里做到了全国第一。

现今，他想在这个行业里继续保持前茅，所有的转型和创新都是为了让旧产业焕发新魅力。即便他后来涉足金融、互联网领域，农业仍然是他最强烈的个人符号。

人人都说刘永好是鹌鹑大王、饲料大王，其实，刘永好一点儿都不喜欢这个称呼。在他看来，"大王"是封建时代的产物，一般是各领风骚三五年，不接地气，要不得。他说，最根本的是要从大王变成服务员。

做什么样的服务员？就是为产业、为农民、为市场服务的服务员，于是刘永好组建了养殖技术服务公司，跟农民朋友合作，鼓励组建家庭农场和农村合作社，使得在为农民朋友提供广泛的技术、金融、市场、产品、服务的同时，也赢得了这些养殖户的认同。现在的新希望集团，标榜为农民打工，为养猪户，养鸡户，养鸭户打工……

从"大王"变成打工者，这样再垮也垮不到哪里去，这叫接地气。

## ◎ 时间有限，只争朝夕

经历了 30 年生意场上的风风雨雨，刘永好乐得像一个农人一样简单从容，闲的时候甚至会逛逛市场、亲自下厨房炒个菜，即使这几年赶上创业大潮，和年轻的创业者一样东奔西走，他也力图保持农村人最原始的标签——朴实。

他喜欢吃麻婆豆腐和回锅肉。只要待在成都，中午便会乖乖地回家吃妻子做的饭。平日里，他最主要的工作餐是盒饭。除此之外，他还习惯和各部门基层员工在集团餐厅共进午餐。他吃饭速度很快，饭盒中不会剩下一粒米。他不喜欢穿西服，身上的 T 恤衫和休闲裤加起来不过几十块钱。他的发型十几年来没变过，是那种花几块钱就可以理的自然式。10 多年来，他一直去同一家理发馆理发。

似乎对什么都不看重的刘永好对时间却异常严格。他常常挂在嘴边的一句话便是，时间有限，只争朝夕。他一天工作 12 个小时以上，生活的主色调就是学习，无论和谁交谈，他都会拿出随身携带的本子，碰到有用的便往上记。

在他看来，只有好好学习、天天向上，方能不断进步，方能跟得上社会大环境和企业小环境的变化，有能力，并扩大知识，从而面对来自外部和内部的挑战。他还是"一根筋"，一直专注于农业，并在这个领域内做深做广。中国有9亿农民，他帮助农民兄弟挣钱，然后再挣农民的钱，这两项特质最终成就了他事业的成功。

想要真正持久地做成一件事，肯定是要花时间的。我们往往过高地估计在一年内能做成的事，又往往过低地估计在10年内能做成的事。下乡插队的经历培养了刘永好"农民的心态"——种下种子，不断浇水施肥，只有等到足够的时间才能收获。在刘氏兄弟身上，我们几乎看不见急功近利。

创业阶段刘氏兄弟做事一直很专注，养鹌鹑就是养鹌鹑，做饲料就是做饲料，他们没有一会儿进这个领域，一会儿又进那个领域。养鹌鹑，成为世界鹌鹑大王；做饲料，又可以做到把当时中国市场的老大给打败。

当初在鹌鹑价格不断飞涨，赚钱越来越多的时候，他们做了一件事情，印了几十万张小广告，告诉农民兄弟："别再炒了，鹌鹑不值那么多钱，再炒下去会倾家荡产的。"用这种方式把当时炒作鹌鹑的泡沫压了下去，农民兄弟没有受到太大的损失，他们却损失惨重。这体现了人的良心，使他们赢得了民心，赢得了宝贵的无形资产。刘氏兄弟的确非常重视自己的声誉，而非手中有多少钱。

　　连刘永好自己都说，早期创业，是为了能够生活好一点；以后，是为了形象好一点；再后来，就是为了兄弟们大家日子好过一点；再往后，就是为了国家和对社会的责任！

　　刘氏兄弟的幸运在于，他们没有像众多其他行业有那么多的对目标客户选择的困扰。他们的客户就是农民，是一个很清晰的目标客户，但也是很有潜力的目标客户。剩下的事情就很简单了，了解农民的需求，为他们服务好，其实，不外乎做好的饲料，把价格降下来，让农民得到实惠。当初他们从养鹌鹑转向做猪饲料，正是因为农民问他们为什么不做饲料，当时饲料那么贵，但农民们还是去排队，说明了市场有需求。

　　不难想象，幸运的刘永好自认为和大家一样都是普通人，头脑、智慧跟大家差不多，只是他赶上了一个好的时代，能够和国家共同进步和成长。

　　"为什么我们能进步，我们有一个理念，叫作'顺潮流而动，略有超前，快半步。'"在刘永好看来，民营企业要发展，就是要顺着改革开放的潮流，不做违背潮流的事，走起来不能太快，也不能太慢，"要比别人快一点，收得住。"

　　当年还处于公社时代，刘家四兄弟就开始蠢蠢欲动，与只盯着铁饭碗的安逸不同，他们就寻思了创业。后来，已经积累了资金和经验的刘永好到全国各地收购兼并，用一年时间差不多收购了30家国有企业，奠定了希望集团的基础，成为第一家私营企业集团，这是超前。

超前又不能脱轨，只能快半步。走在时代前列，走在行业前列，但是不能太快，太快就会掉下去，因为快一步往往容易踩虚，就是收不住，重心往前移，前进得太多会失败。要能够保持平衡，这个平衡就是快半步，成为最早的私人企业集团，最早收购兼并国有企业，最早走向全国、走向世界，这些都是快半步。

很多时候，我们的失败，不是因为机会太少，而是由于机会太多，以至于我们分不清哪些是机会伪装的陷阱，哪些又是陷阱伪装的机会。

每一个都想抓住，但到最后却发现没有一样可以留下。卡内基说，人有三个与生俱来的致命缺陷，排在首位的就是"人心太贪"。对于贪念，其实每个人都有，大可不必为了抬高自己就去遮掩。归根结底，但凡在事业上终有成就的人，只是他们比其他人更好地克服了对财富权力的欲望，把它限制在了一个安全的区间内。

只"快半步"的刘永好，比其他企业家更早迎来人生的机遇。

每个人的一生都有许多改变命运的关键时刻和关键事件，而刘永好的关键点是在1993年。他说这一年命运对他格外地垂青，他站上了一个更高、更宽、更广的学习平台。那一年，他作为非公有制经济界推选出的政协委员，出席了全国政协八届一次会议。第一次站在人民大会堂讲台上发言，"私营企业有希望"的标题刚念出口，台下就爆发出一阵热烈的掌声。

身份的变化，使刘永好的人生舞台一下子扩大了不知多少倍。这对于一向擅长外交的刘永好来说，真是如鱼得水。在极短的时间之内，他的身边便汇集了大量的人脉资源，而这个条件却不是每个企业家都能够有幸得到的，刘永好深知这一点。一向谦虚谨慎的他将众多智囊纳入他的"知识库"，随时需要，信手拈来。

因此，刘永好与41位政协委员共同提案，希望成立一家主要由民营企业家投资，主要为民营企业服务的银行。这促成了两年后中国民生银行的成立。

如果不曾下海经商，刘永好的人生之路或许衣食无忧，但是也可能是平淡且乏味的。创业就是想起来很冲动，看上去很美好，做起来却真心不容易。但只想不做，永远只能看到别人在实现自己的梦想。创业虽难，有苦有累，但乐趣无穷。不是有那么一句话吗？梦想还是要有的，万一实现了呢？

—— · **柳青** · ——

## 保持一颗冠军的心

## ◎ 没人在乎你是谁的女儿

科技让生活变得越来越便利。若干年前，我们出趟门除了钥匙要记得带以外，钱包更是不能离身，否则出门在外就可能寸步难行。吃饭、购物、坐车……都需要用到现金。

如今，已经有越来越多的人，尤其是熟悉互联网、熟悉最新信技术的年轻人们，出门只要带个手机，就什么都不用愁了。几乎所有商品都能用支付宝或者微信扫一扫来完成交易，这些新式的支付方式管用得很，就连坐车也可以用手机完成。只要轻轻一点，"滴滴"就来到身边，有时甚至比自己驾车还要方便。

或许当初柳青向滴滴的创始人程维毛遂自荐的时候，她就看到了这样的前景，不然，她也不会一而再、再而三地追着要给程维投资，最后还把自己给说动了。对于许多人来讲，柳青的这个决定更像是个玩笑。先不说这位年轻的高才生彼时已经在高盛担任要职，单这一项就足够让她衣食无忧，退一步讲，她那声名显赫、被称为"商界神话"的父亲柳传志又何至于让她屈膝在一个刚兴起的公司里打工？

然而，令人们感到意外的是，这一切都真实地发生了。这位漂亮的小姐，后来也成了人们口中争相称赞的"最勤奋的富二代"。

出身是无法选择的，但是勤奋却可以。不是只有出身贫贱的人才有必要去努力奋斗，即使出身名门、即使衣食无忧，同样需要为自己的人生负责，同样需要活出精彩。这，就是柳青带给所有年轻人的积极效应。

1984 年，当柳传志决定创业时，此时的他已经年近不惑之年。40 岁的年纪，在很多传统的中国人的眼中，这个年龄段是开始懂得安分下来的年纪，但是，柳传志却不是。此前，他已经在科学院计算技术研究所做了 13 个年头的磁记录电路研究。虽然他的成绩不俗，还连续得过好几个奖，但是，这些项目做完以后，却还是回到原点。

因此，他在 40 岁的时候，决定创业。他用实际行动告诉人们，成功没有先来后到的区别，只要有理想、有信念，在人生的任何时候划定起点都不会太晚。

当柳传志迈出创业的第一步时，他已经有了一个四口之家，女儿叫柳青，儿子叫柳林。一儿一女组成了一个"好"字，让幸福的微笑常常挂在嘴边。这一年，女儿柳青这一年，刚满6岁。

父亲在计算机领域的叱咤风云伴随着柳青走过欢乐的童年和花季雨季。似乎人们总喜欢说女孩子与理工科的种种不适合，但在柳青那里，这些说辞根本就不存在。

高考那一年，柳青在给自己选择未来的时候，她的梦想定格在了程序员。这一年，比尔·盖茨的《未来之路》出版，这更让柳青一门心思想要进入计算机领域，于是，她毫不犹豫地选择了一条程序员的路子，在1996年，顺利地考入了北京大学计算机系。

名校的背景是很多"富二代"相比之下都无法媲美的，但是，在这样的光环下，柳青并没有停下继续深造的脚步，2000年，柳青在北大毕业之后，又顺利进入哈佛大学学习，并在2002年获哈佛大学硕士学位。此时的柳青，可以说是一个地道的"学霸"，比起"柳传志女儿"的追捧，柳青更喜欢这个称呼。

在学校里，柳青的勤奋和聪慧让周围的人刮目相看，事实上，的确很少有人将她的父亲频频拿出来说，因为无论你是谁的女儿，来到学校里、在知识的面前，大家都是平等的。

2002年，柳青毕业了。父亲柳传志定下的孩子们不能进入联想集团的规矩早已入耳，柳青对于自己的未来有十足的掌控。

年少时的程序员对梦想和现实的选择有了不同。转身进入投资领域并不在原有的计划之内，也许当时只是为了增加一些与众不同的经历，柳青在就读哈佛期间的一个暑假里，她向高盛递交了一份暑期实习生的简历，正是这份简历，改变了她人生的轨迹。

一直以来，要想获得高盛的暑期实习都是一件需要充满智慧和竞争的事情，也正因为如此，高盛才能确保自己在投行领域拥有一支独一无二、战无不胜的队伍。

关于这一点，柳青在收到高盛的面试邀请便进入异常严苛的面试流程时就已经感受到了。然而，这不仅让柳青产生了深厚的兴致，并且对加入投行心生向往。

显然，此前关于程序员的梦想更多地是父亲的耳濡目染，而此时的感触更多的是来自内心的声音。

经过在香港两个月的实习经历，柳青深刻地认识到，投行与其他行业相比，它的魅力就在于，它能让你迅速了解商业社会的运作规律，并且提供良好的机会去接触大量的企业，进而研究它们背后影响成败的因素和那些企业家们身上的特质。

这些东西，对于柳青而言都是充满新鲜感和诱惑力的。于是，她果断地更改了自己的职业规划，并投身到强度极大、甚至有些非人的实习生活中去。

能通过高盛的面试成为实习生的人大都是学校中出类拔萃的人，更重要的，他们都有奋力拼搏的意识和心态以及坚韧的毅力和个性，这些特质十分可贵，否则，单凭梦想一说很难熬得过高盛的魔鬼训练。

高盛的实习生并没有新人的特权，除了第一周是缓冲适应的时间以外，从第二周开始，摆在面前的就是一周 100 到 120 个小时的工作压力。几乎每个新人都会同时接 4~5 个项目，这样的强度让睡眠变成了奢侈品。有人曾经笑称，在高盛连睡觉都要睁着眼，因为随时都会有新的任务从天而降。

这样的工作压力让一部分人打了退堂鼓，但柳青却乐在其中，随着实习期尾声的到来，包括柳青在内的、坚持到最后的实习生在脑力和体力上都可以说是超常的。

往年，高盛录取新员工都在 30 人左右，也就是说，大部分实习生坚持到最后可以留下来就职。但是，2002 年，柳青毕业时却碰上了互联网泡沫破灭的时点。在这种情势下，高盛将新员工录取的名额调减为 6 名，这就意味着这些出身名校、能力超群的实习生们将面临一场堪称惨烈的"厮杀"。

并非金融专业出身的柳青在此时面临的压力可想而知。一个门外汉要想问鼎另一个领域的权威，除了努力外，别无选择。

因此，柳青推去了一切不相关的干扰，在面试之前长达一年的时间里，她把自己关在了宿舍里，埋头恶补的全是金融知识。

最终，柳青的努力换来了回报。

经过高盛 18 轮面试的洗礼，柳青闯到了最后一关，在一曲

"myheartwillgoon" 的高歌中，正式成为了高盛亚洲区的分析师，在高盛，这是最底层的职位。

但对于柳青而言，她却很庆幸自己的这份收获，在她后来的回忆中，她曾经高兴地说道，在她看来，人生中最快乐的一天便是收到高盛 Offer 的时候了。

高盛带给柳青的远不止这一份喜悦，更重要的，是重新塑造了一个精彩的柳青，这一点，连她自己都意想不到。

顶着"学霸"名头的柳青在进入高盛以前，是一个有些腼腆、还有些不大自信的女生，在刚刚进入高盛时，她还会像上学时那样，在开会时为自己找一个会议室的角落躲起来。

细心的上司发现了这一点，并且直言不讳地告知她，在公司是不会有人站出来为她说话的，她必须学着自己站出来表达自己的想法和展现自己的实力。

上司的话让柳青如梦初醒，在此前的学习经历中，偏爱理科的她更加注重的是知识的沉淀，而与之相应的趋于安静的思维和表达的方式已在不知不觉中成了她的习惯。

这样的保留与高盛整推崇高速运转和提倡表达的风格出现了磨合的必要。此后，柳青开始转变自己的习惯，在经历了持续每周工作超过 100 小时的极度挑战之后，逐步站稳了脚跟。

相比之下，当初一同进入高盛的新职员在不到半年的时间里已经走了一半，而柳青却越干越勇，她不仅认可并融入了高盛文化，甚至还成了这一文化的传承者。她对工作要求的极致程度、积极地业务开展方式还有对自己严格的高要求，都使她很快从初级分析师脱颖而出，并在成绩斐然的同时，步步晋升。

在高盛，柳青一干就是 12 年，此时，她已经不是那个腼腆得躲在角落里的初级分析员了，而是自信满满、让同事和企业家备感信任的董事总经理，在这家百年投行历史上，她是获得这个职位的最年轻的总经理。

高盛的文化从她这里得到了体现，而作为一个有信服力的管理者，她和团队成员之间的默契也成了公司中口口相传的美谈。据说，他们之间已经到了开电话会议时无须多言，只要在大方向上给把把关就可以的程度了。

柳青所带的团队最主要是负责考察健康、消费、金融服务等行业。这些产业有一个共同点，就是都是明显受消费影响，属于拉动内需的产业，比如爱康国宾集团就曾在这个团队的帮助下获得 1 亿美元的投资。这期间，柳青本人对出行行业更是关注颇多。正是这个大前提，为柳青后来结识滴滴创始人程维和转而投身滴滴打下了基础。

此时的滴滴，刚刚揭开神秘的面纱。在移动网络和出行行业第一次亲密接触时，程维就用他的滴滴向人们解释了什么是融合。

这款打车软件犹如一股清新的风，吹在了拥堵不堪的大街上，吹开了出行的人们日益堵塞的心结。大家仿佛在一时间获得了一个出行的利器，被追捧成了必然。

此时的柳青开始关注滴滴，但这时的目的并不为转变，仅仅是为了促成一项合作，以便高盛有机会华丽丽地注资，但结果却出乎所有人的意料。

## ◎ 放下玻璃心，换一个钢的回来

当程维以 80 万的起步资金对准中国出行市场这片尚未被开垦的土壤时，另一个公司也看中了这个市场的前景。快的，这家手持阿里战略投资、同样来势不小的公司成了滴滴最直接也是最强劲的竞争对手。

虽然滴滴公司聚集了来自"阿里的人、百度的技术、腾讯的钱"，但在激烈的竞争中，两家公司还是耗费了大量的人力物力，显然，这并非权宜之计。

于是，有人想到了化干戈为玉帛，以共赢的局面来替代行业内的敌对。对于滴滴和快的的合作，许多风投机构都投来关注的目光，这其中就包括正在高盛就职的柳青。

对她来说，此时最希望看到的，是撮合滴滴和快的合并，而这样的出发点并不存在公益之说，而是因为她和腾讯、阿里这两个投资方的关系都十分紧密，因此她不愿意看到两者恶性竞争，相反，如果能够撮合成功，她所代表的高盛便可以用一个优越的价格进行投资。所以，在滴滴和快的于 2013 年进行的第一次合并谈判中，人们看到了柳青的身影。

在杭州的机场，柳青成了这资谈判合作的主要召集人。滴滴和快的的主要负责人，程维、王刚、吕传伟等都出席了这次合并谈判。

本来热心撮合的柳青没有想到，这两家公司在市场上竞争的激烈程度远远超出一般的想象。这样的前提下谈合并，缺乏的是最基本的相互信任的基础，从而导致了双方对股权比例等问题久久僵持不下，最终因为无法达成共识，而将合并计划暂时停下。

不过，柳青却没有改变她对滴滴的观点和看法，在她看来，滴滴依旧是出行行业中难得的佼佼者，这样一个在中国瞬间遍地开花的公司成了这位高盛董事总经理眼中的"明星"。

自从在杭州见到程维之后，柳青便不止一次地向他表示出高盛希望投资的诚意，但对于这样一份眷顾，程维似乎并不在意。

不过，程维自始至终都没有封锁住柳青向他"游说"的机会，尽管他一早就知道柳青是代表高盛而来，而且一开始就已明确其目的，但却始终同意柳青与自己交流观点和看法。这也正是程维高明的地方。

"醉翁之意不在酒，在乎山水之间也。"而柳青便是这"山水之间"的美景。两次上门邀请投资都被拒绝了，柳青重整旗鼓，准备向程维发起第三次游说。

2014 年的 6 月，一个并不算太炎热的夜晚，柳青来到北京上地的一家小餐馆，平时的这个时间里，柳青都在办公室里忙活着，那一天是个例外。

这位携着高盛亚洲区董事总经理头衔的"投资女王"坐在一张餐桌上准备用餐，坐在她面前的不是别人，是她的"老朋友"，程维。柳青换了一个方向展开自己的投资演说，程维认真地听着，但始终没有点头答应。

面对这样的结果。柳青已经从最初的意外、诧异变成了有些"佯带愠怒"。面对眼前如此坚决的程维，柳青想不出说什么好了。此时，她的一句玩笑改变了人生的走向。

席间，柳青半带"怒气"地笑着说了句："不让我投，我就给你打工吧！"

只一句，程维眼前顿时亮了。

一直摇头拒绝的程维突然转了画风，点头应下了！连柳青也吓到了。这个话题彻底提了程维的兴致，他开始认真地和柳青讨论此事。

经过一番详说，程维把这一个出人意料的决定告诉给了董事会。这让投资人们在吃惊之余更是喜出望外。关于滴滴的未来，董事会一致认为需要不断地寻找精英人才来加入，只有这样才能让滴滴拥有与时代更替相匹配的生命。

尽管对于新晋精英加入滴滴董事会成员早已有心理准备，但对于柳青的加入，许多人是发自内心地感到意外，投资人王刚更是坦诚地说道，程维敢挖柳青过来，还是超出他的想象的。

从餐厅出来以后，柳青还没有从刚刚的话题中转过神来。原来一场投资谈判变成了一场人生前途的探讨。程维反过来说服了她，尽管有些不真实，但柳青还是做出了加入创业公司的决定。

这个决定却招到了不少反对的声音。家里人对她这种义无反顾地"清零"作法表现出了不理解，其中母亲是最不愿让女儿离职的人，到一个陌生的领域去闯荡，母亲自然心疼。而作为家人，对于柳青的决定又表现出了理性的尊重和支持，尤其是父亲柳传志，更是告诉女儿，加入创业公司的决定既然由女儿自己做出，那么，他便希望无论前景是坦途还是荆棘，女儿都能够坚持下去。

高盛高层听到这个消息时更是面露难色。高层轮番挽留这名干将，动之以情、晓之以理，但却无法说服她，只能眼睁睁地看着柳青离去。

柳青又何尝不是依依不舍？程维知道了柳青心中的动摇，于是特意在柳青正式加入之前，安排了一次和 6 名高管一起自驾的西藏之行，目的，就是为了让柳青远离干扰。

12 年间，柳青在高盛的投行生活里有欢笑有汗水、有成长有收获，对于高盛的不舍岂是三言两语可以说清的。面对茫茫高原、在湛蓝如水的天空下，柳青大哭了一场，用泪水宣泄内心的依恋，告别那些美好的曾经，洗礼出一个崭新的开始。

对于自己的团队，柳青特意给他们每一个人都写了一封长信，用这种简单却隆重的形式与他们告别。对于自己的这次转身，柳青至今都有些难以置信，她说，到了今天，偶尔还会有不太真实的感觉。对于她而言，她从来未曾想过自己人生当中如此重大的一个决定竟是这样拉开帷幕。

此后，柳青做好了充分的准备，她整装上阵了。受到父亲的影响，柳青开始意识到，做投资银行的工作的确有机会碰上许多企业家和他们的公司，但是，相比之下，经营企业却更有挑战也更好玩。加上她在高盛期间就一直对出行行业感兴趣，因此对于此时的柳青来讲，选择加入滴滴被认为是"找到人生的召唤"。

当然，柳青有自己的顾虑：相比起在高盛，此时的滴滴除了程维是相对熟悉以外，其他的一切都是陌生而充满未知的，而经历和背景上的差异，又给她带来了认知与情感上的隔阂。

柳青的这份担忧不无道理，它既不是来自放下过千万的年薪带来的代价，也不是来自于对新兴行业的摸索，而是来自于她自己。她担心自己无法融入这个全新的战队，无法达到投资者殷切的期盼。

为此，她花费了大量时间对滴滴公司、对行业环境和前景进行了调研。这样翔实细致的背景调整丝毫不亚于任何一家投资机构，这让程维刮目相看，从而更加庆幸当时的决策。除此之外，柳青还与程维大量地交换意见，平均每天的交流时间超过了 16 个小时，以至于滴滴天使投资人王刚将此情景形容为"如同热恋一般"，虽然略带调侃，但却形神兼备。

"雄关漫道真如铁，而今迈步从头越。"这两句诗对于柳青此时的境况来言，十分贴切。在高盛，她是迄今为止离开投行转战企业最高职位的员工；在许多努力拼搏的人的眼中，她是难以攀越的高峰、是成绩显赫的行业精英……如今，柳青全然放弃。在这家新兴的公司里、在一个新兴的行业里，柳青从头开始。

## ◎ 无路可退，只能大步向前

就在滴滴与快的第一次谈判搁浅时，双方便陷入了更为炙热的对战。其中，价格补贴所引发的一场没有硝烟的战争让许多平头百姓获利的同时也感受到了资本大战的激烈与可怕。

就在此时，程维成功地把柳青拉入合作的消息一经传开，业内无不为之一震。滴滴也因此被外界普遍看好，昔日百年投行的精英干将的加入，比任何广告都更能彰显品牌的价值，这是柳青为滴滴带来的独一无二的影响。

与此同时，柳青也试着将自己从高盛的"女神范"试着往"接地气"的方向改变自己。如果说高盛是不食人间烟火的神仙姐姐的话，那么，滴滴则更像是一位亲切可爱的邻家小妹。这样的转变被柳青在高盛的同事们笑称为"自由落体"。

从经营认知、管理模式到日常的衣食住行，柳青周围的一切都在变化着。那些昂贵的包包被雪藏起来，往日里乘坐飞机的习惯从头等舱换成了经济舱，出差时的酒店从高档酒店换成了连锁快捷酒店……总之，一切都为了契合滴滴的平民风。

在公司，柳青也转变了工作风格。高盛强调的某些积极的因素依旧有用，但滴滴自身固有的表达和合作方式是需要她去了解的。从聆听一位同事的"金桔子奖"感言开始，柳青从中找寻这个公司最正确的打开方式。

滴滴文化中有一条很重要，那就是崇尚真诚而直接的沟通，关于这一点，在柳青和程维之间同样存在。

刚刚进入滴滴的柳青每天都工作到很晚，这样的强度对于经过十二年高盛文化浸润的她而言并不是难事，但是，她却感觉到自己似乎陷入了一个为了忙而忙的怪圈。几乎所有邮件都会回，所有微信都会答复。似乎是为了刷存在感，又似乎是为了满足所有人的期待，总之，这段时间让习惯忙碌的她失眠了。

柳青将这样的状态和困扰告诉了程维，作为老板、同事，也是好朋友的他在这段时间里给了柳青许多心理辅导。

在柳青看来，程维是年轻的企业家当中无论胆略、眼光等都别具一格的出色人才。当初，程维就以高远的理想和脚踏实地的风格，带着一个年轻充满活力的团队打动了柳青，现在，他又身体力行地告诉柳青如何去平衡经营一个企业中的事务和困惑。

程维教给她列出一天中最重要的三件事、调节好工作的节奏、并在每周的董事会上与其他董事一同谈讨，很快，柳青找到了经营的方法。

聪慧的柳青把经营公司形象地称为经营一家农场，需要关心的重点不在目标是什么，而是周围的人和事，并与他们一同耕耘才能迎来想要的成果，这与游牧民族狩猎一般的投行业务存在很大的区别。

一个浅显易懂而又生动形象的比喻集中了柳青在经营中的思考和总结，对于这种从内而外的转变，柳青收益颇丰，与此同时，柳青也从中更加明晰了一点，对于这个她想要的团队，她要发挥出更大的价值。

果真，不久之后，由柳青主导的中国互联网史上最大的一次融资横空出世。

2014 年，年底将至。当圣诞的气氛把城市浸透之时，柳青迎来了自己加入滴滴以来的第一场胜仗。滴滴获得了 7 亿美元的融资，这个天文数字让所有人瞠目结舌。

更令人叹为观止的，是柳青仅用了 3 周的时间就华丽丽地完成了。滴滴的投资人和员工们也一致认为是一个厉害的角色。

此后，快的也效仿滴滴完成巨额融资，并继续与滴滴保持着竞争的局面。然而，相比之前局外人的身份，现在身为滴滴 COO 的柳青在这个局面中却起到了微妙而关键的作用。

柳青对于滴滴的意义不仅仅是融资主导者，她所带来的广泛的人际关系也是滴滴无法复制的财富。

在那场为期 22 天的"情人节计划"的合并谈判中，快的和滴滴终于握手言和。在拟定的框架协议下，股东们却无法顺利达成一致，这时，柳青的斡旋成了合谈的重要因素。

最终，这对在互联网出行行业的"宿敌"喜结良缘。就像程维所说的，在互联网上还没有竞争到如此程度的对手完成合并，更重要的是，这次合并仅仅用了 2~3 个月的时间，两个公司快速而完整地合并了，这中间，双方的管理层无一人离职。为此，程维留下了"打则惊天动地，合则恩爱到底"这十二个字。

清楚始末的人都知道，如果没有柳青，这一切是不可能和谐地出现的。

这样一位在科技界、商业界、资本界都叱咤风云的女强人，同时还是 3 个孩子的母亲。在高盛，柳青可以将公私分清楚，但是，进入滴滴之后，角色和工作方式的改变让柳青不得不将个人时间压缩，家人成了被"牺牲"的一方。曾经有一度，柳青因为没有足够的时间陪伴家人而感到愧疚，尤其是对于 3 个孩子来讲，这样的时间更是稀缺得很。

家庭和事业相互冲击时，柳青用阅读平衡了自己的心态。在书中，柳青了解到，这种所谓的"罪恶感"是影响人类发展的重要障碍。虽然有些无奈，但她却认同这样的论断。的确，如何在家庭和事业中找到平衡，这是许多创业者的困扰，也是实际存在的问题。因此，柳青把重点放在了为家人提供"有品质"的时间。

在滴滴一直流传着这样一个故事，由于柳青的工作过于繁忙，于是公司制定了一条特殊的福利计划。每天晚上 9 点钟柳青准时下班，回到家中陪伴照顾 3 个孩子。等他们安然入睡以后，晚上 11 点钟，公司的团队成员才到她家的楼下开会。

除此以外，柳青出差在外，会经常通过微信和孩子们进行交流，回到家中，她也尽量摆脱各种干扰，专心地陪伴孩子们。

近乎疯狂的工作让滴滴的业绩一路飘红。很难想象，一家成立不过几年的公司，现在已经有了足够的资本与垄断了很久的传统出租行业叫板。加入滴滴仅仅 6 个月的时间，柳青便从 COO 升任总裁。而程维在宣布升任柳青为总裁的公开信中，这样评价她："柳青在加入滴滴的半年时间，帮助公司完成了当时非上市公司最大一笔 7 亿美元融资，并带领专车、公关关系、政府关系团队浴血奋战，杀出了一条血路。"

这样颇具血性的描述用在柳青这样一个女王范十足的女人身上，竟毫无违和感。也许，正她与生俱来的天资和名门闺秀的教养赋予了她与众不同的气度和魄力。

就在柳青和滴滴一同气宇轩昂大步朝前走时，一个厄运悄然而至。长期高强度的工作是一把双刃剑。一方面能为事业带来傲人的业绩，而另一方面，它也让柳青的身体健康受到了威胁。

2015 年 9 月，出任滴滴 CEO 的柳青言辞真挚而恳切地向滴滴的员工发送了一封内部邮件。在这封邮件里不是以往对员工的关切也不是对下一阶段工作的安排，而是向滴滴员工透露，她自己患上乳腺癌。

一时间，大家感觉有些错愕，对于这样一位带着滴滴闯荡江湖的核心人物，员工的心中充满敬佩，她所做的一切让人们习惯于将她称为"女强人"。抖擞的精神状态和雷厉风行的做事风格，人们似乎有了永远不会生病似的错觉。

然而，柳青毕竟是个女人，在男人累得不成样子的领域里，她的支撑已经不易，这让大家又多了几分心疼。

即便如此，柳青也没有想要搁浅或退出。在公布患病的消息之后，柳青在信中紧接着讲到的，还是工作。她在邮件里告诉大家——"未来会有一部分时间在家工作，尤其在接受治疗的时间里。"

柳青对于工作的热爱和负责所有员工都看在眼里，这种威信的建立让下属感动和敬佩。

柳青的身影开始频繁地出现在公众的视野里，她的一切行动

不仅让自己、同时也让滴滴罩上了明星的光环。她与程维的配合
更为默契，一个是市场先锋出身，敏锐而灵动；另一个是拥有国
际背景、名门出身、目光高远，工作起来游刃有余，正因为如此，
人们把程维和柳青比成了马云和蔡崇信、马化腾和刘炽平一样的
绝配，事实上，他们的合作也确实让外界看到了光芒四射的效果。

越来越多的媒体开始关注滴滴、关注柳青，在某种程度上，
她成了互联网金融的一颗新星。

《福布斯》杂志对这位充满故事的女人充满兴趣，于是，他
们专门安排了对柳青的采访，这一来，让更多的人在了解她的同
时也了解了滴滴的现状和未来。当柳青气质非凡地端坐在媒体前
面时，人们竟从她身上找不到一点强势和霸道，相反，她稍显柔
弱的声音下却蕴含着强大的爆发力和自己柔韧体贴的一面。

在这个充满雄性荷尔蒙的领域里，一个女人想要闯出一番令
人信服的成绩，除了需要智慧和勇气以外，还要善于运用女性柔
美温存的一面，而这样的表达方式让更加快速地被她的队员们所
熟悉和喜爱。这也是她独一无二的制胜的法宝。

的确，此时的滴滴正在用创新和技术冲击着出租行业，有经
济学家甚至认为在滴滴身上，多少有当年"小岗村"的味道。面
对这样的评价和即将到来的翻天覆地的变化，柳青并不愿意过多
地提及这些意义和里程碑，用她的话讲，谈及公司的市值并不会
让她十分动容，因为大公司很多，但是，如果提及公司员工的文

化和福利的话，她却兴致勃勃。

作为一个经营者，柳青知道自己要为公司尽可能创造效益，但作为领导者，她也知道自己应该为员工创新福利，真正关心员工们是不是真心热爱这个企业。这一点，对于公司的发展至关重要。

如今，滴滴已经不是一个简单的涉足出行行业的民营企业，三五分钟带来的出行便利感让人们关于城市交通的观念正在被撼动，但滴滴要做的远非如此。

在与上海市政府的合作攻关中，柳青提出来的"滴滴指数"让许多人耳目一新。这表明，滴滴已不止步于当一家技术公司，而是一家能为政府、为社会提供更多价值的企业。在柳青的描述里，滴滴未来推出的城市大数据，将会成为与政府一起策划整个大城市交通布局的重要依据。大家不禁感叹，这个看上去并不强悍的女人，正与一个"野心勃勃"的企业共同成长、一起前进着。

在 2016 的滴滴年会上，柳青低调回归。在会上，她的演讲让人久久无法忘记。这篇名为《我们已无路可退，唯有打倒对手，赢得战争！》的文章通篇洋溢着奋斗的激情，贯穿其中的是一份坚定的意志和永不服输的拼劲。

人们都说是柳青成就了滴滴，但她更愿意说是滴滴成就了现在的自己。当她卸下戎装时，女人天生的可爱也随之显现出来。柳青说，她是一个爱玩的女人，她会忍不住幻想未来充满新鲜或是冒险的生活，比如：去大学里当一名老师，或是经营一家孤儿院，抑或是开一家瑜伽馆，还有就是与家人一同周游世界。

这就是柳青，一个英气、聪慧、坚韧而又不失柔美、体贴的与众不同的企业家。

## ——·蔡崇信·——

## 上天送给阿里的礼物

## ◎ 脱下名牌西服的十八罗汉

如今的电商，已经从一种时代潮流逐步演变成一种生活习惯，甚至在很多时候，我们还会产生一份难以言表的依赖。这样的情结似乎就是在最近十几年间才被培养起来的，"忽如一夜春风来"的惊讶中透露着几分认同和赞许。

在电商的世界里，阿里巴巴可以称得上是一个独一无二的传奇，而与它相关的一群人也因此成了缔造传奇的人。这其中，有一个人一直被马云视为上帝赐予的礼物，他就是最晚加入阿里巴巴创始人团队、也是唯一一个具有海外背景的蔡崇信。

人的一生总是面临着许多未知的因素，因此，无时无刻都面

创业，只要开始就不会结束

临着选择。对于某些符合大众惯性思维的选择，大多数时候都是
比较容易做出的，譬如"人往高处走，水往低处流"的说法就是
这样。更多的人会选择比现状更加完美和光明的一端，而反过来
选择就不一定那么容易被接受了。

当蔡崇信放弃瑞典 Investor AB 风险投资部亚洲部总裁和
高达 70 万美元的年薪，脱下西装来到杭州的西子湖畔，主
动向马云申请一份月薪 500 元的工作时，连马云自己都被吓
到了。

那么，到底发生了什么才让蔡崇信做出这样一个令许多人感
到震惊的决定呢？而他和阿里巴巴、和马云之间又发生了什么故
事呢？这事还得从头说起。

蔡崇信出生在宝岛台湾，有趣的是，他和马云同样出生在
1964 年。在台湾，很多人都知道蔡崇信是法律世家的后代，他的
父辈们都是台湾律师界的知名律师，他们所创办的事务所在台湾
可谓是独占鳌头。

蔡崇信从小就在这样一个充满法律素养的家庭中长大，父
亲蔡中曾除了将家族的律师楼经营得有声有色令同业刮目相看之
外，更让人津津乐道的，是他曾经是台湾获得耶鲁大学法学博士
的第一人。蔡崇信继承了父亲"天才"的基因，加上从小勤奋有加，
在此后的学习生涯中，他也和父亲一样，成了美国耶鲁大学的法
学博士。此后，这对耶鲁法学父子一时间成了宝岛法律界流传的

一则佳话。

和许多成绩优异的学子一样，蔡崇信带着耶鲁带给他的光环以及他在纽约两年的律师生涯让他吸引了众多名企的青睐。毫无疑问，蔡崇信从中挑选了一家声望高、待遇优厚、前途光明的公司入职，这家公司就是北欧地区最大的工业控股公司 Investor AB 公司。

以蔡崇信的能力，他在 Investor AB 公司的风险投资部做得风生水起。很快，凭借出色的业绩，蔡崇信当上了亚洲区的总裁，其主要任务就是负责亚洲地区的投资业务。

独到的眼光、敏锐的判断以及手中紧握的融资资源，蔡崇信成了许多渴望腾飞的企业眼中求之不得的"财神爷"。就在他高坐云端之际，一场投资合作的叩响，开启了他和马云之间的那扇大门。

此时的马云，在经历了中国黄页的失败之后，找寻到了新的发展方向。1999 年，马云在杭州的"湖畔花园"建立起了自己的"帝国基地"。在这个并不辉煌但却充满理想的地方，马云留下了壮志豪言，阿里巴巴的创始团队正认真地分享着他的梦想，建立一个生存 80 年的公司、一家专为中小企业服务的公司、一家世界上最大的电子商务公司。这些愿景在马云的演讲中充满了光彩。

对于当时的阿里巴巴而言，这些是为之努力的方向，没有人知道未来会是怎样，但大家都愿意去期待、去奋斗。

然而，现实的问题冷酷地摆放在眼前，需要去面对和解决。此时的阿里实行也只能实行"精简"政策，没有稳定的经济来源，有时发工资都要靠大家凑份子才行；马云的妻子张英为了省下车钱步行上下班，经常累得满头大汗……

有了一个完整的构想之后，马云开始为阿里巴巴的发展寻找风险投资，这对于阿里巴巴正式走上正轨、实现国际化至关重要。而此时的蔡崇信就是阿里巴巴渴望说服的人。作为 Investor AB 风险投资部的亚洲部总裁，蔡崇信手中握有的大权以及随之而来的巨额投资成了马云寻求发展的重要一战。

在与蔡崇信的投资洽谈中，马云极富鼓动性的演说和整个阿里团队所特有的精神面貌真实而诚挚地展现在了蔡崇信面前。一个十几人的团队正在用实际行动酝酿着一场互联网风暴，在蔡崇信看来，这是一件非常有意思的事情。

尽管马云和蔡崇信在湖畔花园里留下了愉快和充满意义的洽谈，但是，站在 Investor AB 风险投资的角度上，此时的阿里巴巴并不被看好，因此，关于 Investor AB 投资阿里的合作并没有成功，但是，这次洽谈却为后来阿里命运的转变埋下了重要的伏笔。

杭州，一个盛产传说的天堂，关于幻想，这是当之无愧的宝地；西湖，一幅卷轴一首诗，总有美丽动人的故事在天下文人墨客的宠爱下诞生。在西子湖畔，马云正带着他的创始人们用热血和青春讲述着一个互联网的传说，而被这个传说吸引的还有蔡崇信。

离开杭州后的第四天，蔡崇信又带着妻子来到了杭州，他的再次光临让马云感到意外。是 Investor AB 改变主意了？还是前期的谈判尚有未尽事宜？马云和他的团队充满了疑惑。

结果，蔡崇信的决定让马云大吃一惊。还没等马云开口询问，蔡崇信就直截了当地说明了自己的来意，他坦诚地告诉马云，自己决定辞职离开 Investor AB 公司，加入阿里巴巴。

马云大吃一惊，用蔡崇信自己的话说，马云当时的反应就是差点被吓得跳进西湖里去了。要知道，以蔡崇信当时的收入是可以轻松地买下几十个阿里巴巴的。

但是，眼前蔡崇信严肃认真的表情让马云意识到，他所说的话并非儿戏。于是，马云同样严肃地回答道，阿里巴巴当时能给出的工资是每个月 500 元，希望他再认真地考虑考虑。面对马云毫不掩饰的说明，蔡崇信并没有做出改变。

对蔡崇信的这个决定感到意外的除了马云和阿里团队以外，还有他的妻子和家人，他们都在第一时间反对他放弃这样优厚的待遇而选择看上去毫无把握的冒险。

不过，蔡崇信最终还是说服了家人，他的妻子也在见到马云之后看到了阿里巴巴的未来。后来回忆起此事时，蔡崇信的妻子说，如果我当时不同意他加入的话，有可能他这辈子都会后悔的。

此时，蔡崇信并没有像对待投资案例一样进行理性地判断或做出过多的逻辑分析，他所感知的，是源自内心的强烈的冲动。蔡崇信了解自己，虽然他有安静理性的一面，但同时又是一个喜欢冒险的人，而且尤为喜欢和有激情的人一起合作。在此前的接触中，马云和他的团队恰好对上了他这一"嗜好"。

若干年后，当很多媒体站在阿里巴巴创下的神话面前，开始深挖蔡崇信当时的心路历程时，蔡崇信毫不保留地解释道，当时阿里吸引他的有两个地方，一个就是马云的个人魅力，他的领导能力很强，而且描绘了一个极具感染力的前景；另外一个就是阿里有一个极具凝聚力的团队，在他看来，这个团队就是创业的"梦之队"。团队的成员们背景不同、经历不同，各取所长，这种互助和弥补决定了整个团队的人都有一个平和的心态、一个合作的向心力，这一点，是他见过的最好的一支创业队伍。

后来，蔡崇信对自己做出这个决定时的心态也曾毫不避讳地讲道，他与马云一见如故，大家都认为蔡崇信的放弃是极大的牺牲，然而他却说，和有激情的人一起创业是他的一个梦想，尽管500元的工资明摆着是倒贴，但是马云压力更大。因为如果一年后失败了，他可以再找别的公司走回老路子，但马云就要肩负起一无所有的风险。

这样的表述让外人感受到了浓厚的、英雄之间惺惺相惜的情谊。在男人的心中，总有一块地方是留给兄弟的。对他们而言，义气是发自内在的、男子汉特有的气概，正因为如此，蔡崇信才说，哪一天他不做阿里巴巴的 CFO 了，他相信他们仍旧是朋友。

那天以后，蔡崇信果真向 Investor AB 公司递交了辞呈，然后脱下了西装、挽起袖子，成为阿里巴巴传奇而经典的"十八罗汉"中的一员。

并不是所有人都能理解蔡崇信当时的决定，也不是所有人都能明白他当时的想法，但是，就像西湖的雨一样，在渴望万里晴空的人们的眼中那是一道津津乐道的风景，人们对于蔡崇信的选择抱以更多的是猎奇的心态，甚至有人说，Investor AB 公司"赔了夫人又折兵"。

对于这样义无反顾的毛遂自荐，马云手下的人也是不懂了。真是创业？还是打发时间的疑惑一直萦绕心头。直到那一天，蔡崇信在白板上一笔一画地写下"股权"二字、直到蔡崇信的衬衫被辛勤的汗水浸湿，阿里人开始从心底里接受这个洋博士，并心生几分敬佩之意。

## ◎ 最重要的合伙人

杭州的夏天也会有热得让人烦躁的一面，湖畔花园 150 平方米原本作为新房的住所现在已然成了阿里开创天下的战场。这个夏天，它又多了一个功能，是阿里员工普及资本金融知识的课堂。

那个时候空调属于奢侈品，风扇不停地转着头，成了唯一赶走炎热的利器，但似乎效果并不明显，屋子里的人全都燥热难耐，对着白板讲课的"蔡老师"更是汗流浃背。

"股东权益""股权稀释"……这些专业的术语在蔡崇信的口中犹如"大珠小珠落玉盘"，擅长技术攻关的阿里员工尽管一时未能全然明了，但却深切地感觉到，这些东西将在未来关乎公司的成败。

自从蔡崇信来了以后，很多新鲜事物也跟着出现了，由他主导的公司制度上的变革开始大刀阔斧地进行开来。正如外界所说的一样，如果没有蔡崇信，阿里极有可能走入家族企业的轨迹，而关于阿里这棵大树的根部组织架构所进行的构架则是蔡崇信送给阿里的一份厚重而珍贵的见面礼。

那天，蔡崇信手里拿着厚厚的一摞资料出现在了马云和其他创始人的面前。资料被分成了 18 份，是蔡崇信为大家准备的合同。

上面密密麻麻地写满了英文字母，这位律师出身的财务专家在里面明确了每个人的股权和义务，并且按照国际惯例，将其完善到了"滴水不漏"的程度。

说实话，大家在拿到合同的那一刻基本上是看不懂的，倒不是因为合同是英文出具的，而是因为大家并非出身法律和财务领域，对于专业性很强的这些方面并不了解。

此时，马云拿起笔，毫不犹豫地签了下去。看见马云的举动，其他人也紧接着签上了姓名。这是蔡崇信推进阿里巴巴规范化运作的伊始。

在自己擅长的专业领域里，蔡崇信有十足的自信、动作起来也非常自如。在马云信赖的"十八罗汉"中，蔡崇信拥有其他人所没有的知识，对此，大家都是心悦诚服的，因此在这方面很信任他，连马云都毫不掩饰地说，阿里巴巴将等着蔡崇信这样的人帮着成就公司。

与此同时，蔡崇信始终保持着谦逊的合作资态，他心中十分清楚自己在阿里巴巴的角色和职责是什么，从没想过要大包大揽，也从未恃才傲物。

作为一名律师，他不仅懂得如何去规范地设立一家新公司，更懂得如何帮公司筹措资本，这样的人才是马云在自己的团队中无法培养出来的核心人物。

凭借这样低调却不乏霸气的才华，蔡崇信成功地为公司进行了多次融资，并且最后完成了阿里巴巴和集团的整体上市。可以说，在实现阿里巴巴与资本世界的完美碰撞上，蔡崇信是真正的主角；如果没有蔡崇信的加入，并帮着阿里跨出这一步，阿里公司将在"感情""义气"这些纽带的维系下缓步前进。

在融资上迈出的第一步，就是 1999 年 10 月，来自高盛的一笔 500 万美元的融资，这至关重要的一步也是颇有些戏剧情节的。

对于投资人的选择，马云曾经有过一个精彩的描述，他说，找投资者就好比是找老婆，甚至更难，不仅要找漂亮的，关键是要找一个能够同甘共苦，并且愿意在关键时刻与你一同并肩奋斗的，这一点至关重要。因此，马云希望找一个长期的投资合作伙伴，能够长远地与阿里巴巴合作下去，而不是中途放弃。

正是基于这样的想法，阿里巴巴在正式融资成功之前拒绝了 30 多家投资机构抛来的橄榄枝。与此同时，他们眼中所看重的、优质的融资机构又将他们拒之门外。

对于阿里巴巴来讲，创业初期筹集的 50 万元资本如今已经有些捉襟见肘了，如果没有新的资金注入，这棵刚刚有些生气的树苗就有可能一下子进入生命的严冬，其后果可想而知，无源之水谈何"长流"？

为此，马云和蔡崇信启程飞往美国旧金山，目的只有一个，那就是寻找心仪的融资合作伙伴。在此之前，马云并无正式接触国际投资机构的经历，此次出行，蔡崇信的作用尤为重要。

在短短 7 天的时间里，两人马不停蹄地会见了 40 多位投资人。尽管马云和蔡崇信对阿里的未来信心十足，但在投资人的眼中，对于阿里巴巴当时的运作模式却并不看好，不少投资人更是直言，他们无法清晰地看到阿里巴巴将如何盈利，对投资前景不抱希望。因此，马云他们此时收到的，都是否定的意见。

然而，命运的神奇往往就在于此，成功往往喜欢在看似没有尽头的失败之后陡然出现。

在旧金山，马云和蔡崇信吃了不少闭门羹，这对他们的士气多少有些干扰，但是，却并没有动摇他们的信心。就在他们整理好新的思路准备重新出发时，一个千载难逢的机遇在不经意间降临身旁。

那天，马云和蔡崇信正在酒店里和一家投资机构商谈融资的时期，与此前一样，事情并没有取得什么令人振奋的结果。谈判中途的休息时间里，蔡崇信偶然间在酒店大厅遇到了的一位老朋友，阿里巴巴的命运就此转变。

这位旧相识此时正在高盛公司担任香港区投资经理，一番寒暄叙旧之后，两人不约而同地聊到了熟识的专业领域。这位朋友无意间透露的信息，让蔡崇信喜出望外。

原来，高盛在此前已经意识到互联网热潮开始席卷全球，因此，他们有意在中国寻找投资对象作为尝试。对此，蔡崇信马上意识到对阿里巴巴来讲是一个绝佳的机会，并向这个朋友提出了阿里巴巴希望获得融资的想法。

最终，在这位朋友的引荐下，高盛公司开始把阿里巴巴作为投资的对象，在进行了基本的情况了解和实地考察之后，高盛作出了对阿里巴巴进行风险投资的决定。

随后，蔡崇信着手处理参与高盛与阿里巴巴的投资谈判事宜。在知名的投资机构面前，急需用钱的阿里巴巴可以自主谈判的空间确实不大，但即便对方开出的谈判条件较为苛刻，马云和蔡崇信商议后还是决定选择高盛作为投资机构。一来是高盛的长远投资意向符合公司发展利益，二来就是高盛可以为阿里巴巴带来的、千金难买的知名效应。

马云和蔡崇信一拍即合。在具体细节上，蔡崇信的意见同样重要。在和高盛签合同时，对方提出要主要创办人马云和张英对财务资产做出保证，对此，并不深谙法务和国际惯例的马云和张英有些困惑，此时，他们想到了蔡崇信。

蔡崇信解释道，虽然说公司的财务没有什么问题，但这个保证也是有必要做的，否则就有可能被对方告上法庭。做得严谨一点，对创办人好一点。

在实际运行中，蔡崇信的角色看上去更像是协调双方的意见，但有一点可以确定，蔡崇信是"自己人"，他的加入让阿里巴巴有了从一开始有了规范化、国际化的基调。

几个月后，高盛携手富达投资和新加坡政府科技发展基金等机构向向阿里巴巴注资 500 万美元，有意思的是，这些投资机构中，还有原来拒绝与阿里投资合作、也是蔡崇信原来的雇主 Investor AB 公司。由此可见，在提升阿里巴巴被投资资金认可和接纳上，蔡崇信功不可没。

对于蔡崇信带来的影响，马云不止一次地说过，在他眼中，蔡崇信就是专门负责与投资人对话的那个人。他不仅专业知识过硬，更重要的是，他每次都能准确明白地将马云关于股东利益和公司前景等方面的重大想法转达给投资者，并着力促进这两者之间的融合。

国际投融资的注入，为阿里巴巴的国际化添上了浓墨重彩的一笔，在国际化的舞台上，阿里巴巴从原本名不见经传、默默努力的小身影，开始成为被业界刮目相看的新兴角色。

随着高盛注资阿里巴巴的消息传开，更多投资者将目光聚焦在了马云和他的团队上，新的投资基金开始选择加入其中，阿里逐渐成为炙手可热的追捧对象。

连著名的投资人、互联网投资专家孙正义也在此时出现在了阿里巴巴面前，他的投资带着阿里巴巴实现了一次完美的飞跃。这一次，在决定接受软银投资的问题上，蔡崇信同样起着至关重要的作用。

## ◎ 大买家背后的大买家

在高盛第一笔资金注入之后，阿里巴巴犹如注入了一针强心剂，一切原本打算进行的计划和目标开始有了实质性的进展。忙于公司业务的马云在 1999 年 10 月的一天收到了一封来自资深分析师古塔的邮件，里边的内容很简单，就是说有一个人想要见他，希望他能到北京来一趟。

对于这样一封意料之外的邮件，马云并没有抽空去处理。不久之后，古塔又再次打了电话给马云，并且言辞恳切地告诉这个人对于阿里巴巴的发展至关重要。

会是谁呢？马云不由地好奇起来，于是，他改变了行程，动身北上，在北京见到了这个神秘的人物，他就是孙正义。

在此之前，新浪、网易已经在孙正义的投资计划中经营的如火如荼，而孙正义也被人们视为互联网世界中"最疯狂"的投资人。1999 年 10 月的最后一天，马云和孙正义正式见上了第一面。

一上来，孙正义就开门见山地说道："说说你的阿里巴巴吧！"于是，马云便开始了他预计一个小时的讲演。然而，当这个讲演刚进行到了第六分钟，孙正义就从办公室的另一头走了过来，告诉马云，他准备投资阿里巴巴，投资资金计划为4000万美元。

　　这样意外的惊喜自然出乎马云的意料。显然，孙正义是极具眼光的。此时的马云并不缺钱，他的讲演更多地是真情实感的流露，这样的真诚让孙正义看到了阿里巴巴的前景。

　　马云和孙正义的谈话非常的契合，对于男人来讲，他十分敬佩孙正义的眼光和谋略，马云曾经说，孙正义看起来不聪明，但其实却是真聪明。孙正义的谈判技巧极高，话虽然不多，但一开口就能把对方拿下。

　　显然孙正义的决定让马云动心了，尽管这个时候他不是十分缺钱，但是来自互联网大亨的肯定让他更加深信阿里巴巴的未来。

　　带着这个意外的收获，马云回到了阿里巴巴。当他高兴地告诉给知蔡崇信这个消息时，蔡崇信并没有表现出过多的激动。随后，他与马云一道赴日本会见孙正义，准备就投资进行面对面的详谈。

　　会谈中，孙正义再次坚持了原来4000万美元的投资计划。马云听完出价后多少心中有些激动，但是，他一旁的蔡崇信却冷静得很。

　　作为一名律师，他已经习惯了在大是大非面前泰然自若；作为曾经的风险投资专家，对于资本市场的大起大落早就练就了宠辱不惊的心态。

　　蔡崇信思考了一会儿，对于这从天而降的4000万美元摇了摇头，说"不"。这样的反应让马云吃了一惊，而听到这一回应的孙正义更是意外得很。自从他做投资以来，大部人对他的投资都是双手奉迎，只有在马云这里、在蔡崇信这里收到这样的反馈。

作为一个创业者，马云对于资本的运作并不娴熟，而在资本世界里战绩显著的蔡崇信的眼里，此时过多地注入资本对于阿里巴巴来讲，并不见得是一件好事。

蔡崇信站在专业的角度向马云分析了他的观点，如果这时阿里接受了这4000万美元，那么，阿里巴巴的股份将会被稀释得更多，不仅如此，从阿里巴巴当时的战略格局来讲，过高的融资额进入将会影响到公司的良性运作，这样的想法获得了马云的认同。

从日本回到杭州以后，马云又一次对蔡崇信的建议进行了深入的思考，最终，马云回复孙正义时，提出了只接受他2000万美元的融资。这是孙正义的投资史做出的最大幅度的一次让步。

在阿里，所有人都知道，关于投融资方面的问题，只要找蔡崇信就没错，同时也知道，在阿里巴巴，他是唯一一个可以和马云平等地商讨问题的人。只是他一向低调、习惯躲在马云背后完成自己的职责。

正因为如此，有人称他是隐藏在阿里巴巴的英雄，有媒体更是笑着称他是马云"背后的男人"，对此，蔡崇信笑了笑，回答说，马云成功的背后除了男人以外，还有女人。

在阿里巴巴的起步阶段，蔡崇信扮演着至关重要的作用，而在阿里巴巴遇上成立以来的第一次危机时，蔡崇信的冷静和沉着同样为企业带来了转危为安的生机。

在孙正义的软银集团带着其他 6 家机构给阿里注入 2000 万美元的"巨资"时，和许多创业者一样，阿里迎来了有史以来第一次快速扩张。

为了实现阿里巴巴的全球化，马云分别在中国香港和英国设立了办事处，在日本、韩国和中国台湾也设立了合资公司。更重要的一步是，他在硅谷成立了研发中心，这些在外界看来极为光鲜亮丽的举措提升了阿里巴巴的曝光度，进而加快了阿里巴巴广泛进入公众视野的脚步。

与此同时，全球化所带来的是还有一个负面效应，那就是人力成本也在同步飞升，这一点，对于尚未赢利的阿里巴巴来说，无疑是巨大的负担。

就在马云和他的团队沉浸在公司日益兵强马壮的喜悦中时，蔡崇信冷静地告诉马云，按照当时的经营模式和扩张的步伐，阿里巴巴账上剩余的不到 700 万美元的资本，顶多只能维持半年。这样的提醒让马云平静了下来，并开始正视扩张背后存在的问题。

来源于硅谷的互联网泡沫以及由此引发的纳斯达克指数的直线下滑让全球互联网都感受到了前所未有的危机。

蔡崇信的说法让马云意识到问题的严重性，此时不采取措施，阿里巴巴就有可能被拖垮。于是，马云做出了一个决定，把战线拉回国内，对阿里巴巴的员工进行裁员，首当其冲的就是硅谷的员工。年薪 6 位数以上（美元）的员工全部裁掉，阿里巴巴的成本得到控制。

这个被外界称为"回到中国"的战略，在很大程度上挽救了阿里巴巴。而作为 CFO 的蔡崇信从财务和运营的专业角度给出的提示，是阿里巴巴得以渡过危机的重要前提。

正如马云所说的，重要的合作伙伴不仅是能够"同甘"，重要的是能够"共苦"。从一开始，蔡崇信就扛下了与马云共同创业的艰辛和风险。关于这一点，马云心中十分清楚。

除了作为创始人的身份让蔡崇信在阿里具有重要的地位以外，经他之手建立起来的符合阿里巴巴运营的财务制度更让他在马云心中位踞不可撼动的地位。

一套透明而又规范化、国际化的财务制度，无疑对阿里巴巴的稳定和发展至关重要。在如今的阿里巴巴董事局的席位上，一席是软银，一席是雅虎，另外两席就是马云和蔡崇信。

回想当年的决定，蔡崇信自豪地说道，那时的选择没有错，无论阿里内部还是外界，大家也都心悦诚服地认为，没有蔡崇信也就没有如此正规国际化的阿里巴巴。

对于马云，蔡崇信一直都充满敬意。他从来不刻意去寻求马云的信赖，但在一次次重大决策之中，蔡崇信却从未让马云失望，相反，无论是理念还是实操，蔡崇信始终能让马云感到放心、甚至感到惊喜。因此，马云对他的信赖已经远远超越隶属关系所涵盖的内容。

作为这样一位功勋卓著的重要人物，蔡崇信却向来很内敛，极少接收外媒采访的他始终像是一个充满神秘色彩的人物，让人们充满好奇，而他和马云的搭档留给大家最深刻的印象便是一个完美的互补。

一个谈笑风生，一个冷静淡定；一个常常出现在公众面前，一个习惯隐藏在镁光灯背后。这样的双剑合璧，对于极富武侠情结的马云来讲，是令人满意的，而他们也都十分享受这种难能可贵的契合。这是阿里巴巴的财富，也是他们人生中彼此的财富。

如今，很多人在模仿马云成功的模式，并希望像这个励志故事一样能有属于自己惊人一跃，但是，无论如何效仿，其中有一点便很难复制，那就是在创业初期就有这样一位出身专业、能力超群的法律、财务专家相伴左右。这是可遇而不可求的，因为蔡崇信就是上帝送给他的礼物。

# ·潘石屹·

## 打工是故事，创业是事故

## ◎ 选择的背后是常识

每一年，在浩浩荡荡的毕业大军中，总会有许多准备进入职场的年轻人不约而同地朝着"金饭碗"呼啸而去，不论是机关办公室的诱惑还是大型企业的吸引力，在人们的口口相传中，稳定的意义似乎成了一种不可逆转的共识。

然而，许多人忽视了一个问题，当我们把选择的天平倾斜在了风平浪静的一端时，另一端的精彩以及与之而来的惊喜也在同一时间离我们越来越远。

那一年，一个女大学生毕业后顺利地进入了河北廊坊石油部管道局，这在同年级的大学生里算是出类拔萃的了。在很多人看来，她的一生从此刻开始已经可以和"动荡""不安"这样的词汇完全脱钩，等待她的将是一份可以托付终身的完美职业。

在这个单位里有一个不成文的规矩，新到的人都要去仓库领取桌椅，于是，女学生在一个长相并不出众的同事的带领下前往仓库，并在那里花了一个上午的时间仔细而认真地挑选。

同行的这位同事看着她如此挑剔这些桌椅，开始有些不耐烦了，虽说案头的工作不至于累牍成山，但是在旁边干等着白白浪费这些时间，对他来讲是有些难以接受的。于是，他忍不住说出了自己的想法，并且告诉这个女学生，无非是一张桌椅，何须如此挑剔以至于花费宝贵的时间。

女学生对于他的质疑并不以为然，相反，她十分坚定和认真地解释道，这副桌椅一旦选定就有可能要用上一辈子了，如此，岂能不好好挑选？她的这个回答让陪着等了一个上午的同事陷入了沉思。

这位同事就是潘石屹。

"一辈子"，这是世界上最长的时间了。自从在河北石油管道学院毕业以后，潘石屹便躲到了这个风吹不着、雨淋不着的金字招牌下，许多人告诉他，这是一条前途光明的仕途，而他也同样抱着一颗热血充盈、激情四射的奋斗之心开始了自己的职业生涯。

到此时，潘石屹已经在这里待了有些年头了。随着时间的推移，原本看似充满生机的生活在人浮于事中开始退却光芒，那些无所事事、一蹶不振的底色开始呈现出来，这与他最初的梦想开始背离。

一开始，他的聪慧和机灵，尤其是对数字的敏感让领导们颇为赏识。大到企业的规划、小到计划书中小数点后的几位数字，潘石屹都倾注了不少心血去认识和了解，而他这样的努力也在领导和同事的面前获得了认可。

不过，即使凭借出众的才智很快成了单位的"红人"，工作中那些蹉跎和虚度的感觉却越来越强烈地占据了潘石屹的内心。这让他这个对生活依旧充满热情的人开始怀疑坚持下去的理由和价值。

办公桌上，一杯刚沏好的热茶正慢悠悠地向上升腾着热气，旁边新来的报纸已经早早地被翻开，太阳一热烈起来，关于午餐和家事的讨论就开始弥漫开来。

潘石屹坐在自己的位置上，安静地思考着女大学生的话。

明天还是如此可以接受吗？明年还是如此可以接受吗？接下来的每一天、每一年都是如此可以接受吗？……

潘石屹叩问着自己的内心，在逐渐茫然和失去方向的时光里，他知道，自己已经到了必须弄清楚内心真正想法的时候。当他开始意识到这样的日子将会被漫无边际的定格时，他的心猛地一颤，一种从未有过的、强烈的抵触情愫陡然升温。

一个离开的念头在此时成了他清晰而唯一的选择。

　　不是没有犹豫过，稳定的生活和不断上升的仕途，像藤蔓一样缠住了他前进的脚步，但是，那些早已厌倦的生活却让他无论如何都无法继续下去。于是，决心在此时化成了一把锋利的刀剑，在勇气的作用下被挥动起来，断然斩碎了那些纠缠不休的羁绊，并为他劈来了前路的一丝光芒。

　　到南方去，下海去，这是时代的号角吹响时所带来的启示，同时也是潘石屹在经过一番思辨之后选择的一条全新的道路。

　　亲人们告诉他冷静下来、不要太过冲动，朋友们告诉他要明白自己身在幸福中，同事们告诉他待下去将会前途无量……然而，这一切声音却没有一个真正读懂他的内心。

　　上个世纪 80 年代末，南方成了改革开放最先的福地，潘石屹远在甘肃，却依然能从新闻中了解到关于南方的那些令人振奋的起色。在他的眼中，在南方，尤其是深圳，人们似乎都在快乐地生活着。

　　对于潘石屹而言，这样的状态是充满诱惑的、是令人向往的。正如小的时候，他常常在暗夜中站在河边，眺望灯火通明的对岸一样，这种对光和热的向往是与生俱来、根植在血脉中的。

　　于是潘石屹赶回家里，开始为南下收拾行装。为了让自己更加彻底地、义无反顾地朝前走去，潘石屹在春节过后的第一件事情就是变卖所有的家产，连睡觉用的棉被都变成了废旧品回收了。

　　就在他背上行囊，踏上南下的列车时，为他送行的，除了轰鸣的汽笛声之外，依旧是那些不绝于耳的规劝声。

前路会是如何？面对这个问题，潘石屹的心中也没有一个清晰的答案，但随着车窗外的风景一帧一帧变换，眼前的景象从白雪皑皑的一片天地到漫山遍野的葱葱郁郁时，当一个鸟语花香的城市让"天堂"一词脱口而出时，潘石屹突然感觉到梦想越来越近了。

与许多创业者一样，潘石屹脑海中的梦想和眼前的现实之间也出现了一道需要逾越的鸿沟，对于决心做探路者的他来讲，未知的因素远远超出他的想象。

如果说，当初决定下海经商的潘石屹在耳边充满反对和质疑情况下，依然认定自己的选择时靠的是直觉的话，那么，当他在骨感十足、甚至有些残酷的现状面前，依然坚定不移地往前走时，靠的便是勇气和信念了。

刚到深圳的潘石屹，除了那份浇灌不灭的热情以外，就是那周身上下加起来少得可怜的、仅有80多块钱的"创业资金"。

就在他意识到从此刻起需要精打细算时，一项"巨额开支"摆在了他面前。当时的深圳还实行管制，想到深圳创业的人都必须在通过审批后拿到一个通行的证件。显然，潘石屹是没有的，第一步就举步维艰。

无奈之下，潘石屹只得花50块钱在"蛇头"的帮助下进入深圳。这样一来，别说创业了，连温饱都成问题了。站在那些冰冷的铁网面前，潘石屹第一次感觉到了现实的温度。

当梦想和生计在前进的路上发生了碰撞时，身体的渴求会在第一时间让高远的理想作出让步，对于任何理性的人来讲，只有活下去，一切才皆有可能。

潘石屹不得不把远大的抱负暂时收拾好，转而用百般热情投入到一场旷日持久的生存保卫战中去，而在这段日后被他欣慰地视为磨炼的日子里，潘石屹所面临的压力非同一般。

为了一日三餐，初到深圳的潘石屹与许多南下打工的人们一样，选择了一个门槛最低的行业，在建筑工地充当劳动力，靠最本真的体力来换取最低的生活保障。当然，此时的潘石屹并没有想到，日后，他会在这些钢筋水泥中发迹人生。

挑砖之类的体力活是无须动用到脑力的，自从中学开始，尽管出身贫寒，但在家里，父母对他殷切的希望使他更多地融进文化的海洋，而极少接触粗重活。如今，生活逼得他不得不如此。

从第一天担上扁担开始，潘石屹的双肩就磨出了血，百十来斤的重量夹杂着人生的全部希望压在了潘石屹的肩上。此后的日子里，未愈的旧伤以及每天不断磨出新伤，在潘石屹的身上留下了刻骨的痛楚，与此同时，也在他的脑海中烙下了深刻的印记。

从前那些优越的点滴开始出现在脑海里，选择放弃的念头似乎有了滋长的空间，然而，潘石屹并没有任由它们蔓延，既然选择了就没有知难而退的道理，好男儿岂能轻言放弃？信念面前，他咬着牙忍下了这些前所未有的艰苦，并很快适应了这样的环境。

一个月后，潘石屹拿到了南下以来第一份工资。

当工友们兴高采烈地满足于这份明显高于内地水平的工资时，潘石屹并没有这样的感觉，因为他心里清楚地知道，这只是为了生存的权宜之计，还有梦想在远方等待着自己。此后，在建筑工地的收入随着工作的日益熟练而有所提升，工友们都心悦诚服地留了下来，而潘石屹却选择了离开。

有梦想的人永远知道自己的方向在哪里，即使在别人看来他并不安分抑或者冲动不已，也不会影响到他的决定。

很快，潘石屹应聘进入了一家咨询公司当业务员。听上去光鲜得很，但实际上却是在一家皮包公司当跑腿儿的。

全新的环境在带来新的机遇和挑战的同时，也带来了新的困难，语言上的不通畅让潘石屹在业务开展过程中常常碰壁。

有一次，公司的领导让潘石屹去车站接一个重要的客户，鉴于客户的重要性，潘石屹打算乘坐出租车前往。但是，就是这样一件小事都碰上了难题。司机是地道的广东口音，而且不会讲普通话，潘石屹初来乍到，也不懂粤语。两人在车上手忙脚乱地比画了好一会儿之后，司机还是不清楚潘石屹想到哪儿去。

后来司机不耐烦了，口中碎碎念叨着，一边埋怨和嫌弃潘石屹讲不清楚，一边示意着把他赶下了车。无奈，潘石屹只得坐公交车去接客户，心中的沮丧不言而喻。

同样的困难接踵而来。除此之外，水土不服也是一个极大的挑战。过了冬天之后，南方真正让人感到可怕的天气渐渐显露出来。在寒冬时节，深圳依旧温暖湿润的气候比起潘石屹冰天雪地的故乡还是很有吸引力的。但清明一过，这样温润的脸孔就开始转变了。

一场场春雨以后，气温开始明显回升，南方典型的"回南天"开始横行。潮湿、发霉以及随之而来的恶臭让来自于内陆的人感到浑身上下的不适。再往后，酷暑伴着蝉鸣开始叫嚣，太阳一出来，只要在街上晃荡两圈，整个人就像被融化了一样。

此时，潘石屹不是以前坐在办公室里写写报告、喝茶看报纸的状态，而是每天都在疲于奔命，天天汗流浃背、整日饥渴难耐的煎熬和焦着。

依旧有人劝他回头，但一个曾经在中东做过工程的朋友对他讲的，关于计划经济没有前途出路的论断，成了潘石屹此时最坚定的、也是唯一的支持。

在深圳的南下大军中，此时的潘石屹只是众多为了梦想在这座城市中献出光和热的年轻人中的一员。与众不同的是，即使再忙碌他也从不会忘记积蓄力量，并期待着有一天能遇上一个绝佳的机会实现自己的抱负。果真，机会来了。

## ◎ 越折腾越成功

潘石屹有着独到的人生观。他曾经这样说道："人生有许多各种各样大小不一的转折点，不要错过每一次的历史性转折点。因为，你的一生将因此有所改变。"

转折点，这个听上去概念性十足的词语，要想真正让它从纸上跳入现实生活中，并不是一件容易的事，把握住人生最关键的转折是需要智慧的。

艰苦的环境成了宝贵的试金石，在深圳的日子里，潘石屹从陌生的环境中发现了自己许多此前并没有觉察的优势。比如坚韧的毅力、超强的耐力和对未来敏锐的前瞻性。

在日常的业务开展中，潘石屹所表现出的能力让领导刮目相看。在一次电话机的销售中，潘石屹与其他业务员一同上门营销客户。与此前一样，一开始，客户是拒绝接纳他们的。本以为客户是对电话机的质量存疑，可问清楚后才知道，原来客户是觉得他们连沟通都成问题，认为他们在捣乱。

其他的业务员开始有些灰心，认为这种嫌弃极伤自尊，但是潘石屹不这样认为。

他自信而真诚地对客户说，自己所销售的是电话机，而非只在口头上卖弄，这就让客户对他手中的产品产生了兴致。最终，在潘石屹的努力下，客户被说动，而潘石屹也由此打开了自己创造业绩的局面。

很快，潘石屹走出了最初三餐无着的尴尬境地。日子开始有了些许起色，就在许多人认为潘石屹的梦想照此下去开始有着落的时候，潘石屹又开始不安分地"折腾"了起来。

1988 年，海南乘着政策的春风，从广东辖区内的一个地级市变成一个新兴大省。许多人闻讯赶往海南，希望在那里闯出一番天地。此时，潘石屹所在的公司正在为筹备海南分公司而忙碌不已。

相比起海南，深圳在改革的路上走在了前列，许多在深圳做事的人都更偏向于留在这个相对成熟的地方，对于海南这样一张白纸所意味的从头开始多少有些倦意。

不过，潘石屹不这么看。"不安分"的人开始把自己的未来和这个新兴的地方联系起来。也许冥冥中注定那是他的一方福地，也许一种强烈的牵动指引着他，在经过一番深思熟虑之后，潘石屹向公司主动请缨，随着老板再往南走，踏上了"天涯海角"之地。

又一次清零过往，从头开始，唯一不同的，是多了一些难得的经验。

整个海南岛满满都是创业的人，"十万大军"的说法并非虚无。

所有的人都在这个承载着期待的地方奔跑着，这样的场景给渴望大干一场的潘石屹注入了一针兴奋剂。

这是一个奇妙的城市，有着旺盛的生命力，也有着冰冷的现实。白天，人头攒动、呼声喧闹，一切都还好；入夜，这座城市就如同海滩上的沙石一样，随着阳光的消逝而迅速退热，沉寂伴随着漆黑，冷得让人发慌。

不过，潘石屹依然热情高涨地期待明天太阳的升起。很快，他在一家砖厂找到了属于自己的位子。

在百业待兴的大背景下，所有关于建设的行业都能有限获得生机。作为基础建筑供给的砖厂也跟着忙活起来。此时，潘石屹被任命为砖厂的厂长，开始负责起将近 400 人的生计。

就在潘石屹在这个角色上渐入佳境、开始展望未来宏图的时候，海南岛的创业热潮随着一场始料未及的台风陷入僵局，灾害过后危机依然存在，并且开始席卷全岛，原本如火如荼的经济形势急转直下。

烧好的砖一块也卖不出去，全都静静地躺在厂子里，任由雨打风吹。400 个人的生计成了问题，潘石屹所面临的温饱已经不单单是自己的问题了。工人们跟着挨了一段之后，开始变得激动起来。

一天，潘石屹像往常一样在那个由废弃的水塔改造而来的房间里休息，突然，一块砖头从窗外直接砸了进来，连同碎裂的玻璃一同掉落在了离他不远的地方。潘石屹着实吓了一跳，回过神以后，潘石屹走出水塔，看见了下面百来名仰头望着他的工人。

无须多言，他们的来意潘石屹心中有数。尽管潘石屹耐心细致、充满诚意的谈话让他们暂时平静了下来，但是，持续不被看好的前景还是让很多人选择了离开，回到内陆。原本 400 人的厂子在短短的几个月的时间里剩下不到 100 人，虽然潘石屹自己掏腰包为这些民工买粮买米，但依然无法摆脱饥肠辘辘、朝不保夕的困窘。

负面、消极、失去信心的信号开始在厂里扩展开，砖厂面临着随时破产的危机，而此时的潘石屹即使绞尽脑汁也想不出任何解围的办法。

临近年底时，半年以来浩浩荡荡的创业大军褪去了热潮，许多人见形势不妙，便做出了回归家乡的选择。身处在海南的潘石屹此时的内心则如同故乡的桦树一样，随着天气渐渐转凉，在萧瑟的风中掉落枯黄的树叶。

这一年，是他有史以来最为低潮的时段。潘石屹的梦想第一次出现了凋零的景象。

不过，凭借着甘肃汉子的那一股韧劲，潘石屹还是说服了自己继续留在海南，更令人称赞的是，在屡次失败的折腾中，潘石屹练就了一份越挫越勇的气度。

从海南中部回到海口的潘石屹开始寻求新的发展方向。就是这样一个连理发两块钱都要和师傅讨价还价、砍掉一块钱的穷小子，竟然萌生了办一个电脑学习班的想法。

电脑对于当时中国人来讲是件完全新鲜而陌生的物件，从来没有接触过电脑的潘石屹却看到了这项新兴事物的前景。没老师，潘石屹就自己亲自上阵；没教材，潘石屹就自己编排找人印刷。总之，什么赚钱做什么、怎么完善怎么做。

很多时候，当我们把精力和期待寄托在一件事情上时，结果往往不会因为我们格外地专注而顺理成章地符合我们的心意；有些时候，原本处在计划之外的因素却会于不经意间出现惊喜，让人备感意外。潘石屹和易小迪从普通相识变为挚友的过程便是如此。

易小迪的出现并不隆重。他和潘石屹的相识最初源于他作为体制改革研究所的一员到潘石屹的公司检查工作。这是他们第一次见面，彼此并没有太多的交集。

后来，体制改革研究所解散了，易小迪便自己经营了一个小型的印刷厂。

那一年，一个穿着背心，搭配着牛仔裤、穿着一双大拖鞋的年轻人来找潘石屹。虽然皮肤被晒得黝黑、戴着眼镜稍显文弱，但眼光里却不乏神采。这个人就是易小迪。为了业务，他找到了潘石屹，希望能够承接一些印刷信封信纸的活。就这样，潘石屹成了这家小型印刷厂第一个固定的客源。

同是闯荡江湖谋生创业的两个人，在一来二去的业务往来中逐渐熟络起来。或许是由于两人同为创客，因此十分投缘，又或许是彼此被对方身上的独有的气质和光辉的思想所折服，从那以后，两人之间建立起了一份英雄相惜的情谊。

多年以后，当潘石屹回想起最初见到易小迪的时候，第一个闯入脑海的，就是他儒雅中透露出来的深邃与平和。

易小迪性格极为随和。他当时开的印刷厂常常是朋友们聚集的地方，大家最喜欢的聚会方式就是在印刷厂门口支一口锅，然后边吃边聊。

那时候一切都很节俭。不用大鱼大肉地招呼，煮一锅饭、就点辣椒也能吃得十分满足，时不时下点面条、吃个河粉就算是改善生活了。

生活简单，但梦想并不简单。

潘石屹与易小迪的相识，不仅结识了一位难得的兄弟，更赢得了精神和物质的双重收获，借着这个难得的机缘，在那个充满梦想的年代里，潘石屹结识了日后名振商界的"万通六君子"。

## ◎ 到光亮的地方去

有一次，一群小混混，也就海南人所称的"烂仔"拦住了潘石屹的去路。他们蛮不讲理地要潘石屹留下"买路钱"，领头的那个人是一个黑黑的小个子男子，他手中的砍柴刀在这一带令许多人感到害怕。遇上这样的事情，潘石屹没办法逃开，只能硬着头皮去面对。潘石屹擅长"心理战"的才华开始在这里有所体现。

面对摆在眼前十来个人拦劫的阵仗，潘石屹力图让自己冷静下来，在认定他们并不敢做出什么出格的事情之后，潘石屹淡定自如地穿过挡在眼前的人墙，一直往前走去。见到潘石屹如此冷漠和淡然，这些"烂仔"多少被震慑住了，但又不甘于如此败下阵来，于是便冲着他的背影恶狠狠地骂了一顿。

虽然潘石屹没有在这件事情中受到什么人身伤害，但是内心上却无法摆脱它所带来的郁闷。

于是，情绪不佳的他第一个便想到了易小迪，并把这个事情原原本本地告诉了他。果真，易小迪三言两语便给出了他指点，告诉他再遇上这样的事情要向警察寻求帮助，要找"级别和境界"比"烂仔"更高的人来解决。后来，潘石屹和一位姓"符"的民警成了朋友。

海南常年缺电，因此发电机就显得格外重要。但是，小偷却经常光顾，除了偷发电机，连厂里的一些生产设备、材料都不放过。虽然符警官多次出手相助，但是，潘石屹的心里依然对这些事情不胜其烦。

同样，他又找到了易小迪告诉了他。这一次，易小迪听完以后，淡淡地告诉潘石屹，同他一起念念佛经。

此外，易小迪对于物质生活的淡泊、面对人生起伏的心态，都影响着潘石屹。

当然，真正让潘石屹获得转机的，是他在易小迪的引荐下，认识了被易小迪称为"大哥"的冯仑。

在海南，真正留下来的创业者并不多，加上王功权、刘军、王启富3人，这6个人都是坚持选择留下来的人。

他们身上有着许多共同的地方。比如，大家都充满梦想和激情，就是没有钱；大家都在跌跌撞撞中寻觅，就是没有放弃；大家都相信未来能创出一片天……

此时，潘石屹在一家中外合资企业已经有些起色，冯仑他们向潘石屹抛来了橄榄枝，诚邀他加入，合伙人平等的地位以及易小迪亲自游说，潘石屹想了想最后还是同意了。

万事开头难。打定主意创业的几个人虽然聚到了一起，但艰辛的探索依旧难免。他们中有几个人甚至租住在条件很差的农村房子里，整日与猪圈为邻，通水通电都成问题。

那时，他们常常会相邀绕岛环行，夜晚睡在沙滩上过夜，还要记得把衣服埋在沙子里，否则被偷走，就会无衣可穿。

一群穷困潦倒的青年，以当时的实力想要开一家生产企业基本上是不可能的。

于是，他们便萌生了租赁公司经营的方式，找到一家亟待引入先进管理水平的公司，租用它的经营权，一旦公司的效益增加，双方都就都能从中获利。

双赢的愿景在一开始时就打动了公司的负责人，于是，双方顺利地签下了合同。这一纸合同让潘石屹他们欣喜若狂，这是自从踏上这片热土之后第一次真真正正地触碰到自己的梦想，对于他们而言，实在难得。

然而，就在他们将公司的印章仔细而小心地存放起来的时候，现实在一瞬间化为泡沫，公司的负责人反悔了。

公司的突然违约，让潘石屹他们一时无法接受。原本以为就此可以宏图大展，结果却来了这么一出儿。

不过，这6个在海南闯荡了些时日的青年岂是那么容易认输的？求人不如求己。既然没有了依托，那就自己成立一家公司，天下之大，何愁前方无路？

正是这样的勇气还有兄弟们拧成一股绳团结奋进的信念，一家新的公司，取名为"海南农业高科技投资联合开发总公司"的企业在 1991 年正式注册成立。此时，谁也没有想到，这家杂糅了 6 个人理念决定下来的公司，最后会成为在商界名声大振的"万通公司"。

公司的分工在建立初期已经根据每个人的优势进行了分工。王功权是一个浑身充满热情、做事全身心投入的性情中人，在公司中出任法人代表，此外，他的慷慨大度和心胸坦荡也给大家留下了深刻的印象。

冯仑是这群人里的老大哥，也是最机智、反应最快的一个，他很懂得照顾每一个人的情绪，最关键的，是他的人脉很广，打通各层级关系的能力极强，出任公司的副董事长。

凭借出色的拓展能力和对数字独一无二的敏锐，潘石屹成了新公司的财务负责人。其他三人也各负其责。

新公司已然成立，该何去何从成了他们每天的核心话题。于是，6 兄弟聚到了一起，为公司和自己的未来，进行了一次严肃而认真的商讨。

最后，他们决定进军房地产业大干一场。

摆在他们面前的一个急需解决的问题，就是如何筹到第一笔钱。当时，信贷行业刚刚放开，随着建设行业的发展，信托公司也如同雨后春笋一般多了起来。

这时候，潘石屹虽然名义上掌管着财务大权，但却面临着无财可管的尴尬处境。为了给公司找来一湾活水，潘石屹和王功权坐上了从海口前往三亚的大巴车。

他们此行的目的业要向东亚信托投资公司贷一笔款，而且数额还不小，整整 500 万元，的确，这在当时就是一个天文数字。

说起来，他们当时还真有气魄，没有任何背景和财富做支持，单凭几个人的梦想便借了 500 万，当时也不知哪来的信心，总觉得一定能成，从未想过如果失败怎么办。正因为如此，尽管贷款机构提出的诸如 20% 的年利息等苛刻的条件，几个人在顺利拿下贷款时却都难掩心中的激动。

办完手续之后，潘石屹和王功权开始带上支票往回走。心中揣着几千万甚至上亿元的梦想，此时却坐在路边的大排档里吃着饺子、蘸着醋和辣酱，坐在大巴上还埋头研究手里的材料。在潘石屹后来的回忆里，对当时如此敬业的形象赞赏有加。也许，真正胸怀天下的人就是这样一副认真而执着的模样，那些夸夸其谈的言论、烁烁其华的表演着实比不过这一份真挚来得可爱。

拿到了这 500 万的资金，兄弟几个开始寻找投资对象。最终，他们购下了 8 栋别墅，每平方米的价格不到 3000 元。这时，担着营销重任的潘石屹成了公司的中心。

然而，买家并不好找，看房的人很多，真正出手时却没几个。8 栋别墅在购进之后的一段时间里都纹丝不动地攥在兄弟几个的手上，慢慢开始成了有些烫手的山芋。

卖不出去的后果谁都不敢想，因为一旦成真就有可能连身家性命都得赔上，可是，房子却迟迟无人问津，这让他们不由地心生惶恐。

就在如此焦灼的等待中，一个叫韩九吉的山西人的出现了，他"拯救"了他们的前途。

潘石屹带着韩九吉来到别墅区，开始展开一轮疯狂的营销，此前，他已经带了不少买家前来看房，虽然每次都无功而返，但是，面对新的客户，潘石屹总是能燃起昂扬的营销热情。

山西人安静地听着潘石屹的说辞，一边心中打着算盘。韩九吉并没有马上拍板，对于潘石屹报出的每平方米 4000 的价格做出了需要再考虑考虑的姿态。

随后，一个内蒙商人在韩九吉之后与潘石屹接洽。按理说，4000 元的单价已经足够回本并且有可观的利润空间，而且别墅也积压了一段时间，有人愿意买走便是求之不得的了，哪里还顾得上其他。

但是，潘石屹并不这么想，在这两个西北汉子之间，他的营销才华擦出了火花。

潘石屹告诉韩九吉，别墅同时被其他人看中，并把价格提高到 4100 元。韩九吉对潘石屹的突然反价有些气恼，这倒是其次，关键是看到有竞争对手介入有些慌了起来。同样的节奏也出现在了与内蒙商人的谈判桌上。

这场三方的博弈持续着，每一方都在权衡、考量，投资和回报的公式演算了无数次，最终这 8 栋别墅悉数售罄，韩九吉以 4200 元每平米的单价购进了 3 栋，剩余 5 栋被内蒙商人和其他买家以 6000 元每平方米的单价买走。

至此，扣除贷款公司高额的利息、税金还有其他必要支出，潘石屹所在的公司赚了将近 100 万元，这是"万通六君子"挣下的第一桶金。

此后，他们开始在地产行业持续前进、越战越勇，到了 1993 年万通集团正式挂牌成立时，公司已经净盈利 3000 多万元。

如今的万通，用潘石屹自己的话讲，发生了"裂变"，从最初 6 个人的裂变到最后分离出来分布在地产业的 30 多个的董事长和总经理，而万通也因此被称作是地产业的"黄埔军校"。

这些辉煌之前的步履、光明之前的探索，对于潘石屹来讲是人生的财富，也是所有怀揣梦想的人借鉴的宝典。它告诉人们，只要有梦想、有勇气，什么时候转身都能看见一个更加完美的自己。